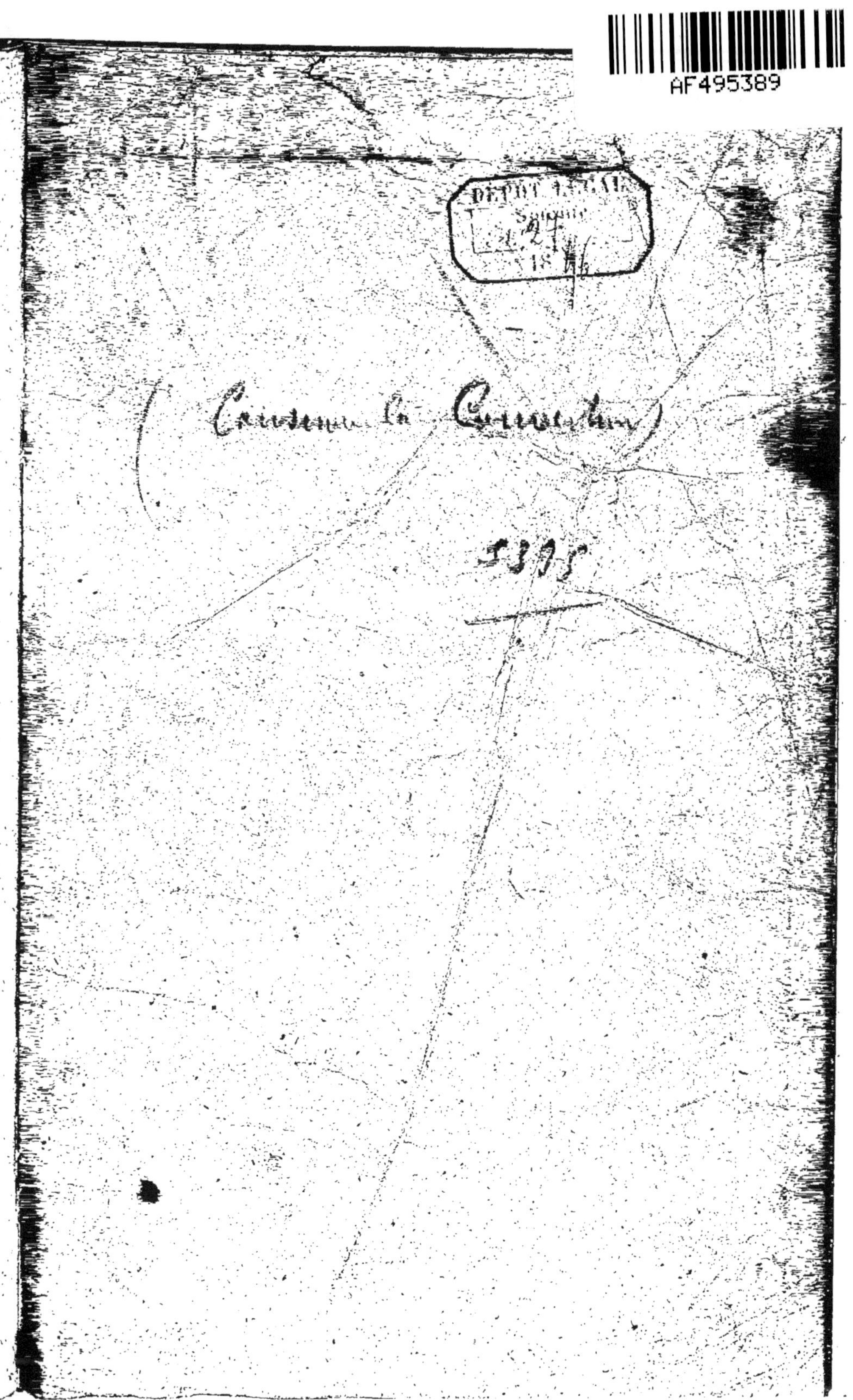

LACORDAIRE

OUVRAGES DE LA MÊME SÉRIE

Grand in-8°, de 160 pages.

Une Héroïne chrétienne sous la Terreur.

Paysans et Ouvriers (*Héros et Martyrs*).

Les Aveugles célèbres.

Gerbe d'Histoires, *offerte à la Jeunesse chrétienne.*

Son Eminence le Cardinal Mermillod.

Frédéric Ozanam.

Frères et Sœurs.

Dévouement.

La Madone de Campocavallo.

Lacordaire.

Sous le ciel d'Afrique. — *Récit d'un Missionnaire.*

VIE DU RÉVÉREND PÈRE

LACORDAIRE

PAR L'Abbé DU HAMEL

C. PAILLART. IMPRIMEUR - ÉDITEUR. ABBEVILLE

Imprimatur :

† RENÉ-FRANÇOIS,
Ep. Amb.

PRÉFACE

> Je n'ai fourni que le fil pour nouer des fleurs.
>
> MONTAIGNE.

Parler de Lacordaire aux jeunes gens n'est-ce point parler de l'un d'eux ; comme eux il a connu les épreuves de l'éducation publique, il a passé comme eux par les révoltes de l'esprit et les brûlants combats dont la victoire est si belle ; il a partagé leurs généreuses ambitions ; pur et ardent, il a fermé son cœur aux désirs d'en bas pour l'ouvrir à l'amour de la gloire, de la science et de la liberté ; c'est dans leurs luttes fraternelles qu'il s'est bientôt révélé un maître de la parole. Devant l'éclat matinal de sa renommée, déjà le monde ouvrait ses bras, et, de ses plus gracieux sourires, saluait en lui les plus flatteuses espérances ; c'est alors que Dieu l'a pris, mais sans le leur enlever pourtant.

Le sérieux de la vie sacerdotale et l'austérité de la vie monastique n'ont rien détruit dans cette âme de ce que Dieu y avait mis pour vous, ô jeunes gens : imagination, clarté, saint enthousiasme, amour passionné pour toutes les grandes causes ! C'est pour vous qu'il a travaillé, qu'il a prié, qu'il a combattu, c'est à vous qu'il s'adressait dans la chaire de Notre-Dame ; derrière le voile brillant de sa parole, on sentait battre pour vous le cœur le plus dévoué et le plus fort. Des conférences du collège Stanislas qui inauguraient son apostolat aux derniers entretiens de Sorèze, des lettres d'Issy aux *Lettres à un jeune homme sur la vie chrétienne,* c'est à vous qu'il parle, à vous qu'il écrit.

Aucune des passions et des souffrances de notre siècle n'est demeurée étrangère à ce prêtre et à ce moine : nous entendrons retentir les échos de chacune d'elles au fond de cette âme sonore. Aussi, en étudiant son époque et sa vie, nous croirons reconnaître notre propre époque et revivre notre propre vie. De chacun des problèmes qui agitent la société contemporaine il a dit son mot, proposé sa solution et ce fut *presque toujours* le mot et la solution de l'Eglise dont il s'est fait le défenseur et l'apôtre.

Acceptez donc, ô jeunes gens, la direction de ce beau génie créé pour vous. Il a été l'un des précurseurs et des auteurs de la renaissance catholique, dont nous sommes les témoins. C'est sur vous qu'il comptait pour continuer son œuvre d'apostolat. Travaillez avec lui et comme lui à donner Jésus-Christ aux âmes, à la vôtre tout d'abord : ce sera réaliser son plus cher désir, et remercier Celui qui vous l'a donné comme un ange de lumière et un modèle de courage civique et chrétien.

Nous ne présentons point ici un travail bien nouveau, mais plutôt le résumé de ce qui a été écrit de mieux sur le grand orateur. *Nous avons choisi les fleurs* et *fourni le fil*. Puissent ces humbles pages vous donner la pensée et le goût d'étudier en détail la vie et les œuvres de celui qui vous a tant aimés. Henri Perreyve, M. Foisset, le P. Chocarne, Montalembert, Mgr Ricard, M. d'Haussonville, seront pour vous, comme pour nous, les guides les plus éclairés et les plus compétents. Nous leur devons le meilleur de notre travail, vous leur devrez les plus pures jouissances.

Ce 29 Juin 1895,
En la Fête de saint Pierre et saint Paul.

LACORDAIRE

CHAPITRE PREMIER

Enfance et Education de Henri.

Sa famille. — Ses premières années. — Il entre au lycée de Dijon. — M. Delahaye. Ses études. — Trois anecdotes.

I

Jean-Baptiste Henri Lacordaire naquit à Recey-sur-Ource, en Bourgogne, le vingt-deuxième jour du mois de floréal, an X de la République française (12 mai 1802). On l'a remarqué bien souvent, la bénédiction de Dieu repose sur les toits qui ont servi d'abri au malheur, à l'innocence persécutée, et plus spécialement aux ministres des autels chassés par l'ingratitude et surveillés par la haine. Ce fut le sort heureux de la maison de Nicolas Lacordaire, médecin distingué et maître en chirurgie à Recey ; elle avait ouvert discrètement et courageusement sa porte à M. l'abbé Magné, curé de la paroisse, échappé à l'exil, et de cette même porte sortait trois ans plus tard l'enfant de prédilection qui devait être tout à la fois la gloire de sa famille, de sa patrie et de l'Eglise.

Nicolas Lacordaire était un esprit éclairé mais sans ambition ; intelligent et aimable il portait dans la conversation le charme et le sérieux qui allaient devenir la séduction de son fils. Il avait épousé en premières noces mademoiselle Pétot, de Voulaines, et en avait eu un fils, Antoine Lacordaire, mort en 1835, à qui furent adressées plusieurs lettres relatées dans la correspondance du célèbre Dominicain. Devenu veuf, Nicolas Lacordaire avait épousé Anne Dugied, orpheline, fille d'un avocat au Parlement de Dijon, plus riche de probité et d'honneur que de fortune.

Quatre fils étaient nés de ce second mariage : *Théodore* qui, après avoir longtemps voyagé en Amérique, obtint une chaire de zoologie à l'Université de Liège ; le second *Henri* est le héros de ce livre ; le troisième *Léon* à qui la ville de Dijon doit de magnifiques travaux d'architecture ; le quatrième *Télèphe* qui devint officier dans l'armée française.

Veuve en 1806 et chargée de l'éducation de ses quatre fils, madame Lacordaire se mit à la tâche avec intelligence et courage. Femme de rare mérite, de raison ferme et de foi simple et forte, elle ne se laissa point abattre par l'immensité du malheur qui tombait sur elle. Sa décision fut bientôt prise de revenir à Dijon où elle trouverait plus de ressources pour la grande œuvre à laquelle elle avait résolu de se consacrer tout entière. Des joies intimes ne tardèrent pas à récompenser son énergie et sa piété. Henri, son privilégié, était l'image de son père, vif, intelligent, plein d'entrain et d'initiative. Il était tout jeune encore, qu'au retour de l'église où il avait accompagné sa mère, il imitait à ravir les prédicateurs qu'il avait entendus dans la chaire chrétienne. Faisant ouvrir la fenêtre du salon, du haut de cette chaire improvisée il lisait à haute voix les sermons de Bourdaloue. Ce n'était pas assez pour son zèle. Il s'était fait organiser un oratoire où il appelait ses frères, ses jeunes camarades, les visiteurs de la maison et jusqu'à Colette, sa bonne, à venir l'entendre ; mais le prédicateur de Notre-Dame en bouton n'avait pas encore tous ses moyens. Plus d'un auditeur s'échappait ou s'endormait. Colette, plus complaisante, restait jusqu'à la fin ; aussi était-elle l'auditoire d'office.

— Asseyez-vous, Colette, lui disait-il, le sermon sera long aujourd'hui ! ...

Et il prêchait avec tant de véhémence que Colette épouvantée, joignait les mains :

— Mais, Monsieur Henri, assez, assez ! vous allez vous faire mal !...

Lacordaire, âgé de huit ans, prêchant devant Colette.

— Non, non, répondait gravement le prédicateur, il se commet trop de péchés ; la fatigue n'est rien. Je veux prêcher toujours (1).

De 1806 à 1809 le futur orateur vécut presque toujours auprès d'un oncle paternel, médecin lui aussi à Bussières, à l'air pur des montagnes, en vue des bois dont le souvenir plaisait tant à son imagination, au sein de la frugalité des mœurs bourgeoises qui imprima dans son âme le goût de l'ordre et de la grandeur dans la simplicité.

A sept ans sa mère le rappela auprès d'elle pour lui faire commencer, sous sa survelllance immédiate, des études régulières. Fidèle à sa foi et chrétienne autant que mère, madame Lacordaire conduisit son enfant au Prêtre, sachant bien que l'instruction n'est rien si l'éducation ne l'accompagne ; et que la première base de l'éducation, c'est la Religion.

I

Lacordaire raconte lui-même, avec un charme incomparable sa première entrevue avec le directeur de son âme. Car il s'agit bien de l'âme, de l'âme, fille du ciel, dans cette entrevue mystérieuse avec le ministre de Dieu. L'éducation moderne n'admet plus le prêtre au collège et au lycée, pas même dans l'école primaire ; faut-il s'étonner que les âmes y deviennent assez matérielles et assez ignorantes de leur origine et de leurs immortelles destinées pour douter de leur propre existence. Le jeune Henri avait déjà l'idée des grandeurs de l'âme humaine ; et c'est recueilli et profondément ému qu'il aborda celui qui représente ici-bas Dieu, le scrutateur des consciences.

« Je traversai le sanctuaire, dit-il, et je trouvai seul, dans une vaste sacristie, un vieillard vénérable, doux et

(1) Souvenirs de Colette Marquet recueillis par un prêtre de Dijon.

bienveillant. C'était la première fois que j'approchais du prêtre; je ne l'avais vu jusque-là qu'à l'autel, à travers les pompes et l'encens. M. l'abbé Deschamps, c'était son nom, s'assit sur un banc et me fit mettre à genoux près de lui. J'ignore ce que je lui dis et ce qu'il me dit lui-même; mais le souvenir de cette première entrevue entre mon âme et le représentant de Dieu me laissa une impression pure et profonde. Je ne suis jamais rentré dans la sacristie de Saint-Michel de Dijon, je n'en ai jamais respiré l'air, sans que ma première confession me soit apparue sous la forme de ce beau vieillard et de l'ingénuité de mon enfance. L'église tout entière de Saint-Michel a, du reste, participé à ce culte pieux, et je ne l'ai jamais revue sans une certaine émotion, qu'aucune autre église n'a su m'inspirer. Ma mère, Saint-Michel et ma religion naissante font dans mon âme une sorte d'édifice, le premier, le plus touchant et le plus durable de tous. »

Hélas! le temps n'était pas loin où de si beaux débuts allaient jeter la pieuse mère en des inquiétudes fiévreuses. L'année scolaire 1811-1812 touchait à sa fin lorsque Henri Lacordaire entra comme pensionnaire, avec une demi-bourse, au Lycée impérial de Dijon. Ce qu'était alors, au point de vue moral, l'école officielle, M. Foisset, l'un de ses condisciples, nous le dit avec une compétence que personne n'osera nier. C'était « la contagion de l'anti-christianisme, dans le pêle-mêle avec ceux en qui toute foi était éteinte; l'enseignement mutuel du vice avec l'égoïsme précoce et la dureté de cœur qui en est la suite; l'esprit de révolte en permanence et contre Dieu, et contre les maîtres (1). »

Cette peinture si sombre concorde douloureusement avec les mémoires dictés par le P. Lacordaire sur son lit de mort. « Là, dit-il, pour la première fois la main de la douleur vint me saisir, et, en se révélant à moi, me tourner vers Dieu, par un mouvement plus affectueux, plus grave, plus décisif. Mes camarades, dès le premier jour, me prirent comme une sorte de jouet et de victime. Je ne pouvais faire un pas sans que leur brutalité trouvât le

(1) *Vie du P. Lacordaire, Introduction*, p. 14.

secret de m'atteindre. Pendant plusieurs sémaines je fus même privé par violence de toute autre nourriture que ma soupe et mon pain.

« Pour échapper à ces mauvais traitements, je gagnais pendant les récréations, *quand cela m'etait possible*, la salle d'études, et je m'y dérobais sous un banc à la recherche de mes condisciples. Là, seul, sans protection, abondonné de tous, je répandais devant Dieu des larmes religieuses, lui offrant comme un sacrifice mes souffrances, priant et m'élevant vers la croix de son Fils par une union tendre que je n'ai jamais peut-être éprouvée au même degré. »

Remarquons bien les impressions exquises de cet enfant de dix ans ; nous y découvrirons, après l'amertume du ressouvenir, des trésors de délicatesse, de tendre piété, les instincts supérieurs d'une âme déjà pétrie de foi chrétienne et d'héroïque résignation. Car enfin, ces épreuves dont un homme peut sourire étaient d'accablants fardeaux pour un enfant.

Il continue : « Elevé par une mère chrétienne, courageuse et forte, la religion avait passé de son sein dans le mien comme un lait vierge et sans amertume. La souffrance transformait cette liqueur précieuse en un sang déjà mâle qui me le rendait propre et faisait d'un enfant une sorte de martyr.

« Mon supplice cessa aux vacances, et à la rentrée scolaire, soit qu'on fût las de me poursuivre, soit que peut-être j'eusse mérité le pardon par une moindre innocence et une moindre candeur. »

Cette dernière réflexion navrée est un terrible réquisitoire contre l'éducation officielle d'alors. Tout n'a point disparu, hélas ! de ces mœurs d'écoliers universitaires, mais du moins, aujourd'hui, avec la liberté relative dont nous jouissons, les familles chrétiennes savent où trouver des maîtres chrétiens.

III

Il fit sa première communion à douze ans. Ce fut sa dernière joie religieuse et le dernier coup de soleil de l'âme de sa mère sur la sienne. « Bientôt, dit-il, les ombres s'épaissirent autour de moi, une nuée froide m'entoura de toutes parts, et je ne reçus plus de Dieu dans ma conscience aucun signe de vie (1). »

C'était donc déjà l'atonie, presque la mort ; spectacle lamentable que cette ruine morale chez un enfant si jeune ! Gardons-nous cependant de croire à un avilissement précoce ; Henri avait l'âme trop haute pour se livrer au vice. D'instinct il le repoussait, et Dieu qui avait mis sa main sur son front l'avait préservé merveilleusement. Lui-même en rend témoignage dans une lettre à un ancien élève de Sorèze, qui n'avait eu, ni le même courage, ni la même grandeur d'âme. « Je n'aime pas à vous voir, dit-il, avec des camarades qui parlent de choses peu réservées, et qu'au fond, vous n'approuvez pas. Je n'ai jamais vécu, même tout jeune et n'étant pas chrétien, dans des sociétés semblables ; elles m'eussent inspiré du mépris. »

Pour récompenser sa délicatesse, le Ciel lui avait ménagé une sauvegarde. Un jeune professeur, tout récemment sorti de l'Ecole Normale, devint dès lors le bon génie de son intelligence, et, par suite, de son cœur. Il s'appelait M. Delahaye. Dès la rentrée de 1812, il avait été frappé de l'intelligence *de l'enfant à l'œil noir et aux longues paupières*. « Humblement chargé de la classe élémentaire, dit M. Foisset, il se trouvait, ce semble, un peu à l'étroit dans sa chaire de grammairien. Il aimait à faire venir dans sa chambre quelques élèves et à déve-

(1) Tous ces détails sont empruntés à des mémoires publiés par M. l'abbé Henri Perreyve, sous ce titre : *L'enfance, la jeunesse et la conversion du R. P. Lacordaire*. Nous y puiserons encore abondamment dans la suite, comme à la source la plus authentique, puisqu'ils ont pour eux le double témoignage de l'amitié et du P. Lacordaire lui-même.

lopper leur mémoire en leur faisant réciter des vers de La Fontaine. Henri Lacordaire se distingua tout de suite dans cet exercice : pas d'efforts, pas de gêne, mémoire remarquable, accentuation nette et facile ; il disait les vers comme s'il les eût faits. A La Fontaine succéda Racine, puis Voltaire, dont le jeune écolier savait par cœur des tragédies entières. »

Le choix de ce dernier auteur montre assez que M. Delahaye se préoccupait peu de la foi religieuse de l'enfant. « Ami des lettres, continue Lacordaire dans ses mémoires, il cherchait à m'en inspirer le goût ; homme de droiture et d'honneur, il travaillait à me rendre doux, chaste, sincère et généreux, et à dompter l'efflorescence d'une nature peu docile. La Religion lui était étrangère ; il ne m'en parlait jamais, et je gardais le même silence à son égard. Si ce don précieux ne lui eût pas fait défaut, il eut été pour moi le conservateur de mon âme, comme il fut le bon génie de mon intelligence ; mais Dieu qui me l'avait envoyé comme un second père et un vénérable maître, voulait, par une permission de sa Providence, que je descendisse dans les abîmes de l'incrédulité, pour mieux connaître un jour le rôle éclatant de la lumière révélée. »

M. Delahaye lui fut enlevé par les évènements politiques de 1815. Monarchiste convaincu, il devint conseiller à la cour de Rouen. Henri le regretta. « J'ai toujours associé son souvenir à tout ce qui m'est arrivé d'heureux... dira-t-il. Il m'avait inspiré de la confiance et de l'affection, tandis que je me rivais, pour les autres maîtres, dans l'indifférence la plus profonde, assaisonnée d'une révolte quasi perpétuelle (1). »

On le voit, le souvenir de son séjour dans un lycée d'Etat laissa, dans l'âme de Lacordaire, un ressentiment qui ne désarma jamais. Il n'en parlait « qu'avec un accent d'imprécation » qui trahissait sa colère contre un régime qui n'avait su ni protéger, ni intéresser sa jeunesse, et l'avait jetée en proie à tous les dangers.

Ce que furent les études dans ces conditions, il est facile de le deviner, et par la nature de l'enfant, et par

(1) Lettre publiée par l'abbé Perreyve.

les influences multiples qui s'exerçaient autour de lui et en lui. C'était un caractère ardent, mais capricieux, une intelligence ouverte, mais obnubilée par l'incroyance et abaissée par le manque de principes, enfin une volonté indomptable, mais devenue le jouet de mille passions. Il travaillait ou se reposait par boutades, sauf les derniers jours du mois et les derniers mois de l'année, où, pour rapporter à sa mère une riche moisson de couronnes, il se livrait à un labeur tenace toujours récompensé. Son bon cœur l'emportait alors, et devenait le seul directeur de sa vie.

IV

On raconte de lui bien des anecdotes qui peignent au vif son caractère bouillant et sa volonté de fer.

Un jour, au réfectoire, comme il tournait la tête, son voisin, par une de ces gamineries égoïstes familières aux écoliers, lui escamota son assiette de potage. Henri réclame, une querelle s'ensuit, et le censeur intervient.

— Tous les deux au pain sec et à l'eau, fait-il sans vouloir écouter les explications de Lacordaire, confondant ainsi l'innocent et le coupable dans le même arrêt. — Levez-vous, ajouta-t-il, et allez vous mettre contre le mur.

Le voleur de potage obéit, mais le volé se croise les bras et répond : Je n'irai pas.

Nouvelle injonction du censeur. Il menace Henri de l'envoyer au cachot.

— Soit, répond l'intrépide enfant, des deux punitions injustes, je choisis la plus forte, et il se dirigea vers la prison.

A cette époque, l'Europe entière était pleine de bruits de combats et de guerres, et, comme toujours, la gent moutonnière des écoles partageait la passion du jour. Une sève guerrière circulait sur les bancs, des camps se formaient ; à tout instant les armées étaient en présence. Ce mouvement batailleur n'échappait point à la surveillance; mais, comme dans les guerres racontées aux éphèbes, parfois deux champions étaient chargés de vider une querelle au nom de tous, il arriva que les Horaces et les Curiaces furent représentés par un futur officier très distingué du génie et le futur prédicateur de Notre-Dame. On en vint aux mains; et, sans l'intervention des deux armées intéressées au combat, la France, dit M. de Loménie, compterait un brave militaire ou un célèbre orateur de moins...

Toujours par suite de la même loi, compliquée d'un principe réflexe, au moment où les rois, revenus d'exil, essayaient d'appuyer le trône à l'autel, une recrudescence de lutte voltairienne se manifesta dans les écoles, l'esprit de contradiction faisant nécessairement partie de la gibecière du lycéen ; malgré les principes donnés par sa mère, Henri céda comme tous les autres à la réaction antireligieuse. Ce double sentiment le dominera longtemps.

Il a dit de lui-même qu'il avait été un élève médiocre, personne ne le croira. Assurément, comme le remarque finement Sainte-Beuve « dans la patrie de Bossuet, en vue de la colline où naquit saint Bernard, il ne songeait pas encore qu'il aurait affaire à ces grands noms, et qu'il briguerait son rang dans leur descendance. Seulement, sans se donner trop de peine, il remportait tous les prix à la fin de l'année. Il avait sa tragédie sur le chantier, comme tout bon rhétoricien. Il jouait des scènes d'*Iphigénie* avec un de ses camarades, plus tard professeur de droit à Dijon, y allant bon jeu et bon argent. » Les notes de troisième et de seconde le montrent en progression évidente; mais en rhétorique il ne connaît plus de rivaux. Déjà on se le montrait du doigt comme la gloire du lycée, et sa réputation de brillant écolier gagna toute la province.

Lacordaire et les jeunes gens de Dijon.

CHAPITRE II

Ses débuts dans le monde.

A l'école de Droit. — Société des Etudes. — Arrivée à Paris. — Premiers succès. Déception et ennui profond.

I

Malgré ses succès scolaires et sa supériorité incontestable, Henri Lacordaire n'en entrait pas moins dans le monde, à dix-sept ans, avec le caractère qu'on lui connaît, sans religion positive, sans doctrine morale assurée, n'ayant d'autre règle de vie que le sentiment de l'honneur et d'autre flambeau que « l'idéal humain de la gloire, » bagage bien léger pour un si long et si dangereux voyage.

Heureusement il revint chez sa mère après s'être fait inscrire à l'Ecole de droit de la ville. Personne mieux que lui n'était capable de peindre cet intérieur de famille où, Dieu présent enveloppait toutes les âmes et les modelait sur sa loi, même à leur insu.

« En entrant à l'Ecole de droit, dit-il, je retrouvai la petite maison de ma mère et le charme infini de la vie domestique, tendre et modeste. Il n'y avait dans cette maison rien de superflu, mais une simplicité sévère, une économie arrêtée à point, le parfum d'un âge qui n'était plus le nôtre, et quelque chose de sacré qui tenait aux vertus d'une veuve, mère de quatre enfants, les voyant autour d'elle adolescents déjà, et pouvant espérer qu'elle laisserait derrière elle une génération d'honnêtes gens et peut-être d'hommes distingués. Seulement un nuage de tristesse traversait le cœur de cette femme bénie, lorsqu'elle venait à songer qu'elle n'avait plus autour d'elle un seul chrétien, et qu'aucun de ses enfants ne pouvait l'accompagner aux sacrés mystères de la religion (1). »

On connaît l'histoire de Monique et d'Augustin. C'est l'éternelle histoire des miracles opérés par les mères. On dirait vraiment que le cœur de Dieu s'attendrit inévitablement devant ces cœurs qui réfléchissent l'infini de sa bonté !

« Aussi quand, sur sa chaire épiscopale d'Hippone, entr'ouvrant ses lèvres d'or, Augustin fait entendre à l'Afrique et au monde des accents qui font tressaillir l'humanité, notre admiration reconnaissante s'en va remercier Monique d'avoir créé, par ses larmes solitaires et sa prière puissante comme Dieu, ce grand défenseur de la vérité. Et quand, à quatorze siècles de là, on entend les voûtes de Notre-Dame frémir aux accents sublimes de l'homme qui a ramené dans les nefs désertées de la vieille basilique toute une génération vaincue par cette éloquence neuve et hardie, notre regard s'en va, de Lacordaire à la veuve de Dijon, remercier cette mère d'avoir fait violence au Ciel et obtenu à la France de 1789 et de 1830 ce maître, ce sauveur, cet apôtre, dont il fut dit que nul n'a aimé l'Eglise, les âmes et tout ce qui est grand et noble, plus que lui.

« Pour le moment, le jeune rhétoricien s'était cru assez fort pour décider que le christianisme n'était qu'une sottise et Dieu lui-même une chimère (2). »

II

C'était l'époque où la France, reposée de tant de guerres, faisait éclore un renouveau de littérature, de science, de poésie et d'éloquence au soleil de la liberté.

La tribune avait Berryer et Guizot ; les journalistes

(1) *Mémoires.* L'abbé PERREYVE.
(2) Mgr RICARD. *Lacordaire*, p. 10.

s'appelaient Chateaubriand, de Bonald, La Mennais; Lamartine publiait ses *Méditations* et Victor Hugo ses *Odes;* Thiers, Amédée Thierry, Cousin étaient des noms que la publicité répétait chaque jour aux foules. Quel mouvement d'idées! quelle magnifique floraison de talents!... Toutes les nobles curiosités étaient éveillées, toutes les émotions du beau ressenties, l'esprit se précipitait dans tous les sens à la conquête de l'inconnu. Que l'on juge de l'enthousiasme de la jeunesse et des discussions que le conflit des pensées et des politiques surtout suscitait à chaque instant.

A l'instar de celles de Paris, et en communication avec elles, une *Société d'études* s'était formée parmi les jeunes avocats et les étudiants en droit de Dijon. Lacordaire en fut, on le pense bien. Sorti du collège lauréat du prix d'honneur, recherché de tous par son caractère aimable, son enjouement, son esprit; très épris des belles-lettres, impétueux, sensible à l'honneur, tout l'appelait au milieu de cette jeunesse passionnée où il ne tarda pas à se distinguer par un talent de parole vraiment inouï.

La Société s'était partagée en quatre sections: Philosophie, Histoire, Droit public, Littérature. Lacordaire se fit inscrire dans les quatre, menant de front toutes les études, se montrant hors de pair partout.

Mais le courant d'idées qui dominait n'était pas le sien. Par tradition de famille, il regrettait l'Empire; par amour de la liberté et par républicanisme de collège, il se trouva libéral.

En religion, la majorité de ses nouveaux amis était franchement catholique, et lui, par suite de lectures secrètes et mal dirigées, était devenu un disciple de Voltaire et un admirateur de Rousseau. La profession de foi *du vicaire savoyard* était devenue son Evangile, et le *contrat social* sa ligne politique.

Ils étaient deux cents; des discussions s'élevaient ardentes, des coalitions se formaient pour soutenir une thèse ou une idée. A chaque instant Henri protestait. Les idées, les images affluaient à l'envi sur ses lèvres, c'était une fertilité d'arguments, une chaleur d'âme, un imprévu et un bonheur d'expression incomparables. Il écrivait des essais destinés à être lus en assemblée générale. « C'était tantôt un récit du siège et de la prise de Jérusalem par Titus, tantôt un dialogue de Platon avec ses disciples au Cap Sunium, qui se terminait par ces mots : « la liberté, c'est la justice. »

Mais cette liberté qu'il aimait, ne fut jamais la liberté révolutionnaire, la liberté de détruire pour détruire, la liberté anarchique, mais la liberté dans l'ordre, la liberté honnête, régulière, tempérée, celle qui respecte les droits de Dieu et des âmes, la famille et la propriété. Ses héros n'étaient ni Mirabeau, ni Barnave, ni Vergniaud, les brillants talents de 1793, mais ceux de l'antiquité grecque et latine, grandis par la littérature de leur temps, déifiés par l'adulation et les lointains de l'histoire.

Tous ses amis avaient comme lui la passion du vrai et du beau, la sainte folie de l'idéal en toutes choses. Illusion généreuse qui, à travers le prisme de la jeunesse, ne voit que des qualités là où l'homme mûr découvre des petitesses, de tristes défaillances, un égoïsme monstrueux et cruel, qui sacrifie tout à l'intérêt et au plaisir ; navrante réalité qui fait rêver à cette parole de nos saints Livres : Le monde est plongé tout entier dans la malice.

Pourtant toutes ces questions remuées, attaquées, défendues, avec autant d'ardeur que de bonne foi, avaient des résultats heureux. La vérité y réclamait ses droits, et montrait hardiment sa beauté virginale. Si Platon et Aristote parlaient le langage païen, Descartes, Bossuet, Leibniz parlaient la langue chrétienne, et par une infiltration lente, la vraie lumière pénétrait les esprits. Si Lacordaire était impétueux, il était loyal aussi. Bientôt on put s'en apercevoir. Un jour il se déclara persuadé par quatre mois de débats ; il se ralliait à la Restauration complétée par la liberté et devenait conservateur libéral. Ce fut une acclamation unanime, tous ses amis se jetèrent tour à tour dans ses bras ; on le regardait, on l'aimait comme la plus précieuse conquête.

III

La bataille avait été rude, aussi les amitiés fondées sur l'estime furent-elles sérieuses et durables. Lacordaire, qui n'était médiocre en rien, même en droit, quoiqu'il en ait dit, prêta serment d'avocat à la Cour de Dijon. Doué comme il l'était pour la parole, fait pour la lutte et la défense du juste, il ne pouvait y avoir d'hésitation pour lui ni pour les siens. Ses succès de société, ses essais de plaidoiries lui avaient créé une sorte de petite cour d'admirateurs et d'amis. Quand il prenait la parole, le silence s'imposait au cercle le plus tumultueux, on l'écoutait avec recueillement; nous sentions, a dit l'un d'eux, que sa pensée habitait une sphère supérieure à la nôtre et s'y revêtait d'un éclat dont la prose de Chateaubriand nous avait seule jusque-là donné l'idée (1).

Nous écoutons encore, écrit un autre, ces improvisations pleines d'éclairs, nous voyons cet œil pénétrant et immobile, nous entendons cette voix claire et vibrante, haletante, s'enivrant d'elle-même, n'écoutant qu'elle seule et s'abandonnant sans réserve et sans contrainte à la verve intarissable de la plus riche nature (2).

Bientôt ce ne fut plus qu'un cri parmi ceux qui l'approchaient : « A Paris! mon cher, il faut aller à Paris! » Déjà on devinait le prince du barreau; la Providence, elle, méditait et formait l'orateur sacré, l'apôtre de son siècle.

Paris! tel était le rêve de son ambition et de ses espérances. Une de ses tantes avait écrit à Madame Lacordaire : « Il faut que tu fasses le sacrifice d'envoyer ton fils à Paris, Dijon n'est pas un théâtre digne de lui. »

Malgré son état très gêné de fortune, Madame Lacor-

(1) Foisset. *Vie de Lacordaire.*
(2) Lorain. *Le R. P. Lacordaire.* Art. du correspondant, t. xvii.

daire s'y décida, et le 30 novembre 1822, le jeune avocat prêtait serment devant la Cour de Paris. Le président Riambourg lui avait remis une lettre de recommandation pour un avocat de ses amis, M. Guillemin, catholique convaincu et royaliste ardent. Dans sa lettre, le Président vantait son protégé, son talent et sa candeur, et il ajoutait : « Il ne s'agit plus que de lui donner une bonne direction. » Aux yeux de M. Guillemin, « une bonne direction » ne pouvait être qu'un confesseur éclairé et charitable. Il lui en proposa un.

« — Un confesseur à moi ! répondit le jeune homme, mais je ne me confesse pas. Oh ! non, Monsieur, je ne fais pas ça. »

M. Guillemin, stupéfié d'entendre une telle réponse sortir de lèvres si candides en apparence, se le tint pour dit, et mit toute sa discrétion à ne gêner en rien une résolution si arrêtée. Il se contenta de se montrer cordial, affectueux, paternel et... de lui remettre des dossiers.

Cependant, il le captivait, ce jeune licencié aux allures si particulières, manifestement pur autant qu'intelligent et généreux. Dieu lui confiait un trésor, et il prit garde de le négliger.

Son professeur de droit romain avait aussi recommandé Henri à l'abbé Gerbet, correspondant de la *Société des Etudes* à Dijon. L'entrevue eut lieu, mais il n'était pas mûr, ses idées, comme son idéal, étaient ailleurs, et le prêtre à la fois si pieux et si spirituel ne fit aucune impression sur Lacordaire.

Le jeune avocat logeait rue du Mont-Thabor, dans une petite chambre, sous le toit. « J'y vivais solitaire et pauvre, dit-il dans ses *Mémoires,* abandonné au travail secret de mes vingt ans, sans jouissances extérieures, sans relations agréables, sans attrait pour le monde, sans passion du dehors dont j'eusse conscience, si ce n'est un vague et faible tourment de renommée. »

Un parent lui fournit quelques billets pour les théâtres du boulevard. Il se lassa vite de perdre cinq grandes heures à entendre de fades plaisanteries, des déclarations banales et des déclamations ridicules.

Au contraire, prenant au sérieux sa situation, il se

résolut à tout faire pour alléger le fardeau de sa mère et pour conquérir une place distinguée au barreau. Il fréquenta la conférence des avocats, et pour s'enfermer tout entier dans les études juridiques, il renonça, non sans regrets, même à la littérature. « Hélas! écrivait-il à M. Lorain, j'ai dit adieu à la littérature. Je n'ai conservé avec elle que cette mystérieuse correspondance, cet accord secret qui unit l'homme de goût avec tout ce qui est beau sur la terre. Et cependant j'étais né pour vivre avec les muses. Ce feu d'imagination et d'enthousiasme qui me dévore ne m'avait pas été donné pour l'éteindre dans les glaces du droit, pour l'étouffer sous des méditations positives et ardues. »

IV

Nous l'avons dit, il avait prêté serment le 30 novembre 1822, mais, par malheur, il n'avait que vingt ans et demi, or une ordonnance toute récente défendait de paraître à la barre avant vingt-deux ans révolus. Sa passion l'emporta sur la prudence; pressé de se faire entendre et de se mesurer avec les colosses du métier, il accepta les premières causes qui vinrent s'offrir, brûlant en cela sa dernière cartouche de collégien. « Si j'étais cité au Conseil de discipline, écrivait-il le 18 janvier 1823, ce serait une occasion de faire un beau discours, et voilà tout ! »

Il plaida donc cinq ou six fois à la Cour d'assises et le dieu de la chicane lui fut clément. Sa parole brillante fut vite remarquée, et un jour qu'il avait parlé avec autant d'éclat que d'abondance, un avocat lui frappa sur l'épaule, disant : « Venez me voir demain. »

Il se retourna, c'était Berryer. « Vous pouvez vous placer au premier rang du barreau, lui dit-il, mais prenez garde à votre trop grande facilité de parole. »

Tout allait donc pour le mieux, et ces premiers sourires de la gloire l'émurent un peu. Pourtant le succès ne remplissait point son âme. L'air de la salle des pas-perdus lui pesait. Il avait cherché le dévouement, les hautes pensées, les envolées sublimes, et il ne rencontrait que ce qui est humain, trop humain, hélas! : égoïsme, calcul, poursuite du succès à tout prix. Paris, la reine des cités, avec ses huit cent mille âmes, lui était un désert; son âme aimante, tourmentée du besoin de se donner, cherchait dans ce désert une âme qui consentît à devenir la sœur de la sienne. Le mariage ne l'attirait point, son cœur allait ailleurs. Un travail lent de désenchantement se faisait au fond de sa conscience, et son regard allait trop au fond des choses pour n'en pas voir la vanité. « Ils me prédisent tous dans le monde un bel avenir! disait-il en haussant les épaules, je suis rassasié de tout sans avoir rien connu. Si l'on savait comme je deviens triste! J'aime la tristesse, et je vis beaucoup avec elle... Franchement, j'ai pitié de la gloire, et je ne conçois plus guère comment on se donne tant de peine pour courir après cette petite sotte : vivre tranquille au coin du feu, sans prétention et sans bruit, est chose plus douce que jeter son repos à la renommée pour qu'elle nous couvre en échange de paillettes d'or. »

Il sentait sa pensée vieillir et il en découvrait les rides à travers les fleurs dont son imagination la couvrait encore.

Le barreau lui offrait ses applaudissements, la magistrature lui assurait de belles destinées, avec un talent hors ligne et le patronage de M. Guillemin et de M. Mourre, procureur général; mais une voix intérieure lui disait que sa vocation n'était pas là; un malaise indéfinissable le torturait. C'est l'infini qui appelait cette grande âme, l'infini qui réclamait ce cœur de vingt ans, et le 11 mai 1824, le nouvel Augustin écrivait à un ami, les yeux baignés de larmes, : « J'abandonne le barreau, nos rêves ne s'accompliront pas... J'entre demain au séminaire de Saint-Sulpice. »

CHAPITRE III

Sa Conversion.

Comment s'est opéré le miracle. — Les étapes de la conversion. — Ses suites. Lacordaire et Mgr de Quélen.

I

Comment s'était opéré ce changement, disons mieux, ce miracle? Les uns ont parlé d'un coup subit de la grâce, d'autres d'une élaboration lente, d'une évolution progressive de ses pensées ; la famille, surprise et froissée de n'avoir pas été prévenue, crut un instant à l'ambition d'obtenir dans l'Eglise des honneurs d'un plus facile accès. Certains de ses collègues et de ses amis ont crié à l'inconstance, à la folie... Le monde est ingénieux à trouver des raisons, surtout les mauvaises. La meilleure manière de savoir la vérité sera encore de la demander au converti lui-même.

Cette nature droite, réfléchie, obéissait à la raison bien plus qu'à l'imagination et au cœur : « C'est même, dit Mgr Ricard, un phénomène singulier de voir un des hommes qui ont le plus enthousiasmé leurs contemporains, ne céder jamais, pour sa part, aux entraînements de l'enthousiasme. » « D'où vient, disait-il, que mes amis ne me comprennent pas? Ils ont douté de ma conversion politique, et n'y ont vu qu'un calcul adroit ; ils se moquent de ma conversion religieuse et m'invitent à attendre que les Jésuites aient détrôné l'Université. »

Qu'avons-nous besoin de lui demander ses motifs? Il avait besoin de dire lui-même ses impressions, sa joie, sa reconnaissance pour Dieu, et en écrivant sa résolution au plus cher confident de son âme, il ajoutait : « Hier les chimères du monde remplissaient encore mon âme, quoique la religion y fût déjà présente ; la renommée était encore mon avenir. Aujourd'hui je place mes espérances plus haut, et je ne demande ici-bas que l'obscurité et la paix. Je suis bien changé, et je t'assure que je ne sais pas comme cela s'est fait. Quand j'examine le travail de ma pensée depuis cinq ans, le point d'où je suis parti, les degrés que mon intelligence a parcourus, le résultat définitif de cette marche lente et hérissée d'obstacles, je suis étonné moi-même, et j'éprouve un mouvement d'adoration vers Dieu. Mon ami, cela n'est sensible que pour celui qui a passé de l'erreur à la vérité, qui a conscience de toutes ses idées antérieures, qui en saisit les affiliations, les alliances bizarres, l'enchaînement graduel, et qui les compare aux différentes époques de sa conviction. »

Cet « enchaînement graduel » ne pourrions-nous pas le connaître, car enfin il est toujours intéressant de scruter un problème, surtout quand il s'agit d'une âme aussi belle, aussi haute, aussi profonde que celle de Lacordaire. Très évidemment le secret ressort de cette évolution, il ne faut pas le demander à la terre, mais à la grâce, cette lumière et cette impulsion venue de Dieu, cet *Esprit qui souffle où il veut.* La Providence qui veille sur l'Eglise, avait choisi cette nature d'élite pour en faire l'instrument de ses miséricordes sur la France ; elle la voulait à tout prix ; elle a su l'attirer, la défendre de tout ce qui n'était pas elle, elle l'a saisie enfin pour la faire sienne : là est tout le mystère. Essayons cependant de parcourir les étapes de cette conversion à l'aide des documents fournis par Lacordaire lui-même.

Le premier travail de la Vérité dans l'âme est de chasser les ténèbres, les futilités, et de se créer une demeure digne d'elle.

Il était bien jeune encore lorsque les premières touches de la grâce commencèrent ce travail d'élimination. Ecoutons cette étude de psychologie qui peint si bien l'état d'âme du stagiaire de Dijon et la maladie de l'époque où il vivait : « A peine dix-huit printemps ont épanoui nos années, que nous souffrons de désirs qui n'ont pour objet ni la chair, ni l'amour, ni la gloire, ni rien qui ait une forme ou un nom. Errant dans le secret des solitudes, ou dans les splendides carrefours des villes célèbres, le jeune homme se sent oppressé d'aspirations sans but; il s'éloigne des réalités de la vie comme d'une prison où son cœur étouffe, et il demande à tout ce qui est vague et incertain, aux nuages du soir, aux vents de l'automne, aux feuilles tombées des bois, une impression qui le remplisse en le navrant. Mais c'est en vain; les nuages passent, les vents se taisent, les feuilles se décolorent et se dessèchent sans lui dire pourquoi il souffre, sans mieux suffire à son âme que les larmes d'une mère et les tendresses d'une sœur. « O âme, disait le Prophète, pourquoi es-tu triste, et pourquoi te troubles-tu ? Espère en Dieu... En effet, c'est l'Infini qui se remue dans nos cœurs de vingt ans touchés par le Christ, mais qui se sont éloignés de lui par mégarde, et en qui l'onction divine, n'obtenant plus son effet surnaturel, soulève néanmoins les flots qu'elle devait apaiser (1). »

Après les aspirations vagues, brillantes chimères dont il sent tout aussitôt le vide, voici la divine Réalité qui se fait jour. En effet, dès le 10 novembre 1823, il écrit à un ami : « J'ai l'âme extrêmement religieuse, et l'esprit très incrédule ; et comme il est de la nature de l'âme de soumettre l'esprit, il est probable qu'un jour je serai chrétien. »

La conversion n'est pas faite encore, mais elle se prépare. Au commencement de l'année 1824 déjà elle se dessine. « Croiras-tu, mon ami, que je deviens chrétien tous les jours ? C'est une chose singulière que ce changement progressif qui s'est fait dans mes opinions. J'en suis à croire, et je n'ai jamais été plus philosophe. » Puis il rappelle fort à propos la célèbre parole : Un peu de philosophie éloigne de la Religion, beaucoup y ramène.

Au mois de février, même confidence, mais indiquant plus en détail les combats intérieurs de la conscience : « Je ne peux plus jouir de rien; la société a peu de charme pour moi; les spectacles m'ennuient. Je deviens négatif dans l'ordre matériel. Je n'ai plus que des jouis-

(1) LXe Conférence.

sances d'amour-propre. Je vis de cela, et encore je commence à m'en dégoûter. J'éprouve chaque jour que tout est vain. Je ne veux pas laisser mon cœur dans ce tas de boue... *Oui, je crois !* »

Enfin, en mai 1824, dans une confidence à M. Guillemin, il dit : « Il faut que je vous l'avoue, il y a six mois que je lutte. Je crois maintenant, et je crois avec une telle conviction qu'il n'y a plus de milieu pour moi, il *faut que je sois prêtre !* » Voilà donc le but atteint, et la conversion complète. Dieu nous garde de prétendre connaître le détail des opérations de la grâce : *Si l'Esprit souffle où il veut, personne ne sait d'où il vient ni où il va.* Pourtant nous n'en sommes pas réduits à de simples conjectures et nous pouvons affirmer, pièces en mains, que dans le cas du P. Lacordaire, si le travail de l'ouvrier divin a été lent, s'insinuant *fortiter* et *disponens suaviter,* agissant fortement, mais d'une action pleine de suavité, pourtant l'illumination directe n'y a pas été étrangère.

II

Aussitôt après sa conversion, le jeune avocat proclame la vérité, toute la vérité ; et la confidence faite à M. Lorain, et dont nous avons donné le prélude, se continue ainsi : « Un moment sublime c'est celui où le dernier trait de lumière pénètre dans l'âme et rattache à un centre commun les vérités qui y sont éparses. Il y a toujours une telle distance entre le moment qui suit et le moment qui précède celui-là, entre ce qu'on était auparavant et ce qu'on est après, qu'on a inventé le mot de *grâce* pour exprimer cet éclair d'en haut. Il me semble voir un homme qui s'avance au hasard, un bandeau sur les yeux : on le desserre peu à peu, il entrevoit le jour : le mouchoir tombe et il se trouve en face du soleil. »

Le souvenir de cette illumination ne l'abandonne point. Le passage suivant, extrait d'une conférence, procède évidemment de cette impression ineffaçable.

« Un jour, dit-il, au détour d'une rue, dans un sentier solitaire, on s'arrête, on écoute, et une voix nous dit dans la conscience : *Voilà Jésus-Christ!* (n'est-ce pas le soleil dont il parlait plus haut ?) Moment céleste où après tant de beautés qu'elle a goûtées et qui l'ont déçue, l'âme découvre d'un regard fixe la beauté qui ne trompe pas ! On peut l'accuser d'être un songe quand on ne l'a pas vue, *mais ceux qui l'ont vue ne peuvent plus l'oublier*. Au lieu qu'en toute autre contemplation, la lumière, si pure qu'elle soit, tombe sur des êtres changeants et corruptibles, ici la lumière est éternelle, l'objet inaltérable. Tandis que l'âge et les moindres accidents troublent nos plus chères amitiés, l'amour de Dieu pour Jésus-Christ s'alimente de tous nos malheurs et de toutes nos faiblesses. On *peut le perdre au sortir de l'enfance* parce qu'on ne l'a conçu que par autrui, sur les genoux de sa Mère ; *mais lorsqu'une fois il nous est devenu propre, le fruit de notre expérience et de notre virilité*, rien n'en ébranle plus en nous les chaudes certitudes. Il remplace ce qui s'y amoindrit et s'y décolore chaque jour. Il habite dans nos ruines pour les soutenir, dans nos abandons pour les consoler, et, lorsque enfin nous touchons au sommet blanchi de la vie, il est notre chaleur et notre suprême aspiration. Nos yeux ne peuvent plus voir, mais ils peuvent encore pleurer, et ces larmes sont pour le Dieu qui en versa lui-même pour nous (1). »

Faut-il voir dans ce passage, un simple développement oratoire ou bien le récit mouvementé et généralisé d'une résolution inébranlable prise sous le coup d'une grâce extraordinaire et triomphante? Une lettre écrite de Sorèze à un ancien élève semble indiquer une histoire réelle. « Je suis toujours étonné, dit-il, de l'empire qu'exerce sur vous la vue de la beauté extérieure, et du peu de force que vous avez de fermer les yeux. Je vous plains bien de votre faiblesse et je l'admire comme un

(1) Ve Conférence de Toulouse.

phénomène dont je n'ai pas le secret. *Jamais depuis que j'ai connu Jésus-Christ* rien ne m'a paru assez beau pour le regarder avec concupiscence..., *c'est si peu de chose pour une âme qui a vu Dieu une seule fois et qui l'a senti.* »

III

Veut-on connaître le point précis de la rencontre de Dieu? rencontre de conviction, ou vision intérieure, peut-être sera-t-il possible de le déterminer en énumérant : 1° La beauté de l'Ecriture sainte où Dieu se manifeste si visiblement. « Je me rappelle avoir lu un soir l'Evangile de saint Mathieu, dit-il, et d'avoir pleuré : quand on pleure on croit bientôt; » 2° la nécessité historique du christianisme pour faire arriver les sociétés humaines à leur perfection. « Je suis arrivé à mes croyances catholiques, écrit-il encore, par mes croyances sociales. La société est nécessaire, donc la religion chrétienne est divine, car elle est le seul moyen d'amener la société à sa perfection en prenant l'homme avec toutes ses faiblesses, et l'ordre social avec toutes les conditions; » et 3° par-dessus tout peut-être, son éducation première jetant dans son âme le grain de sénevé qui, à l'heure marquée par la Providence, devient un grand arbre où les oiseaux du ciel viennent chercher un abri. « J'ai trouvé la foi dans mon âme, dit-il, plus comme un souvenir que comme un don nouveau, comme une conséquence des principes antérieurement acquis que comme une création nouvelle de ma pensée. »

Concluons avec M. Foisset: Il ne faut pas s'y tromper : l'homme s'agite en toute liberté, mais Dieu le mène ; c'est Dieu qui avait donné à Henri Lacordaire une mère chrétienne. C'est Dieu qui l'avait introduit à dix-huit ans dans une société de jeunes chrétiens, hommes d'intelligence, faisant honneur à leur foi par leurs mœurs et leur caractère. C'est Dieu qui lui avait fait plus tard, au milieu de Paris, une solitude d'esprit et de cœur pleinement ouverte aux souvenirs du foyer domestique, de la tendresse maternelle et des joies de sa première communion, comme à l'évidence historique et sociale du christianisme. C'est Dieu enfin qui avait frappé le rocher et qui en avait fait jaillir une source d'eau vive. Là ne devait pas s'arrêter ce miracle (1). »

Sa vie était désormais orientée vers le Ciel. Un de ses camarades du palais le rencontrait avec étonnement à Saint-Germain-des-Prés, à genoux, derrière un pilier, la tête dans les mains. Par une singulière prédestination il se rendit à cette église de Notre-Dame qui devait être le théâtre de sa gloire, et ce fut là « que le pardon descendit sur ses fautes, et que, sur ses lèvres fortifiées par l'âge et purifiées par le repentir, il reçut pour la *seconde fois* le Dieu qui l'avait visité à l'aurore de son adolescence. » Le malheureux enfant n'avait jusque-là reçu son Dieu qu'une fois ! !

Il revit M. l'abbé Gerbet, et l'entretien avec cette âme si pieuse et d'une séduction si puissante, lui remua les entrailles. L'onction évangélique de ce prêtre lui fit mieux comprendre une religion qui inspirait des vertus si élevées et si aimables. Le désir du sacerdoce l'envahit comme une conséquence de son retour à la foi, et il ne s'écoula pas plus de six mois entre son premier acte de foi positive et son entrée au Séminaire. Encore cette entrée définitive fût-elle retardée par la résistance de sa mère qui, heureuse de voir son fils redevenu chrétien, ne pouvait cependant se résoudre au sacrifice de ses espérances mondaines. Elle écrivit jusqu'à six lettres pour le détourner de sa vocation; elle se résigna enfin et autorisa son fils à solliciter de l'archevêque de Paris une demi-bourse au Séminaire de Saint-Sulpice. « Pardonne-moi, pardonne à mon cœur, à ma faiblesse, lui écrivit-elle ; j'ai eu tort de prendre contre toi le parti du monde, et je te cède à Dieu. »

(1) *Vie de Lacordaire*, t. 1, page 63.

L'abbé Lacordaire à vingt ans.

IV

Il s'en alla donc, modeste et résolu. L'archevêque, Mgr de Quélen, habitait encore ce palais dont il ne restera bientôt plus pierre sur pierre, démoli qu'il sera avec une sorte de sauvage acharnement en 1831.

Lacordaire fut introduit auprès du prélat-gentilhomme par l'abbé de la Borderie, un de ses grands vicaires. Mgr de Quélen le reçut gravement.

Puis, l'ayant entendu, il eut comme l'intuition prophétique de ce que serait un jour cet enfant :

« Soyez le bienvenu, lui dit-il, vous défendiez au barreau des causes d'un intérêt périssable ; vous allez en défendre une dont la justice est éternelle. »

Il se tût un instant, puis il ajouta avec tristesse :

« Vous la verrez bien diversement jugée parmi les hommes ; mais il y a là-haut un tribunal de Cassation, où nous la gagnerons définitivement. »

Lacordaire baissa la tête, s'inclina respectueusement et sortit. Le grand vicaire qui le suivait, l'introduisit dans son appartement. « Mon ami, dit-il, pour entrer à Saint-Sulpice, il vous faut l'agrément de votre Evêque. D'où êtes-vous?

— De Dijon, Monsieur.

— Eh bien ! écrivez à Monseigneur de Dijon de vous accorder votre acte d'excorporation, parce que vous venez d'obtenir des bontés de Monseigneur l'Archevêque de Paris une demi-bourse au Séminaire de Saint-Sulpice. »

L'Evêque de Dijon, M. de Boisville, nouvellement arrivé dans le diocèse, n'avait jamais entendu parler d'un jeune avocat, son diocésain, qui portait le nom de Lacordaire.

En recevant une lettre signée de ce nom, pour lui parfaitement inconnu, il n'y vit rien qu'une de ces requêtes vulgaires, auxquelles les besoins de l'administration l'exposaient chaque jour, et, comme en principe, la chose qui lui était demandée se refuse peu, et qu'il était bien aise d'être agréable à l'Archevêque de Paris, il répondit courrier pour courrier et accorda l'excorporation demandée.

On lui reprochait plus tard d'être allé un peu vite, et d'avoir répondu sans s'enquérir de la valeur du sujet :

— Que voulez-vous? répondit-il. Il m'avait écrit une lettre si simple, à laquelle il ne manquait que des fautes d'orthographe. Je l'avais pris pour le plus grand nigaud de mon diocèse !...

Lacordaire aimait à raconter l'aventure, et il la concluait par un fin sourire, disant :

— Il en avait bien le droit. Figurez-vous que j'avais commencé par un participe présent (1) !...

(1) D'après Mgr Ricard et Foisset.

CHAPITRE IV

Lacordaire Séminariste et jeune Prêtre.

Son entrée à Issy. — Bonheur dans la paix. — Inquiétudes des Directeurs.
Il est ordonné. — Une offre séduisante. — Aumônier de Pensionnat.

I

Il entra donc à Saint-Sulpice le 23 mai 1824, jour anniversaire de sa naissance, premier de sa vingt-troisième année, et fut conduit à la maison succursale d'Issy qui s'appelle *la Solitude*. C'est bien le nom qui lui convient; il répond admirablement à la peinture que le jeune séminariste nous en a faite. « En entrant au séminaire, dit-il, on éprouve une grande paix. Il semble que le monde est détruit, et que c'en est fait depuis longtemps des guerres et des victoires, et que les cieux, à peine voilés, sans canicule et sans tonnerre, enserrent une terre nouvelle. Le silence règne dans les cours, dans les jardins, dans les corridors peuplés de cellules, et au son de la cloche vous voyez accourir les habitants en foule comme d'une ruche mystérieuse. La sérénité des visages égale la blancheur et la netteté de la maison. Ce qu'éprouve l'âme est une sorte d'aimable enivrement de frugalité et d'innocence. »

Pourtant l'accueil avait été assez froid. Messieurs de Saint-Sulpice avaient été étonnés, un peu choqués même de le voir escorté des inséparables abbés Gerbet et de Salinis, excellents prêtres sans doute, mais notoirement attachés à l'abbé de la Mennais, fort peu goûté des Sulpiciens.

Le nouveau séminariste ne s'arrêta point à la réserve

de cet accueil; tout entier au bonheur d'échapper au monde, de respirer l'air pur, il se dilatait les poumons et le cœur dans cette belle campagne aux horizons couronnés de la verdure des bois. C'était presque le cher Bussières et les Vosges de son enfance ; il y épanouissait ses vingt-trois ans dans l'ivresse du sacrifice accompli. Il redevint poëte, enfant joyeux jusqu'à la turbulence, sensible jusqu'aux exquises jouissances de l'homme des champs, ami passionné de la nature dans ses aspects les plus simples et les plus journaliers. Ecoutons-le dire son bonheur et décrire ses joies :

« Tu ne sais pas, mon cher ami, combien ma solitude est douce ... Mon caractère triste, sérieux, a disparu devant la paix de cette maison, et je ne me suis aperçu que j'étais gai que parce que tout le monde me l'a dit. Voilà une provision de bonheur pour trois ans. » ...

Un séminariste plus ancien, plus tard archevêque, lui avait été donné pour l'initier à la règle et aux usages de la maison. Mais, quelque effort qu'il fît, jamais il ne put entrer totalement dans ce moule commun. Bien vite il trancha sur le ton général.

Il se mit à lire la Bible, et, à la lumière divine qui s'était faite dans son esprit, il en découvrit la mystérieuse beauté. « Ah ! quel livre, disait-il, quel enchaînement extraordinaire depuis la première parole de l'Ancien Testament jusqu'à la dernière du Nouveau. » Il se plongeait avec délices dans cet océan de la science ecclésiastique dont jusqu'ici il n'avait guère mesuré les rivages. et il entremêlait ses études sérieuses de rêveries champêtres au milieu des jardins du séminaire. Il trouvait du charme à ce passage perpétuel de la vie de communauté à la vie solitaire, de la règle absolue à la liberté. On se levait à cinq heures, et, après une heure de méditation, on se rendait à la chapelle. Elle était située au milieu du jardin, et il se plaisait à voir cette longue procession de surplis blancs traversant en silence les parterres et les allées couvertes qu'embaumait l'air du matin. Rentré dans sa cellule à sept heures, il faisait lui-même son lit et sa chambre, comme la plupart de ses confrères ; et souvent à la pensée de tant de pauvres qui, à la même heure, dans leur misérable galetas, se livraient aux mêmes soins, il se mettait à pleurer.

Mais cette vie de prière, de recueillement et de travail ne l'empêchait pas de jouir avec une grande liberté des choses de la vie. Il prenait plaisir aux progrès des fleurs et des fruits, « à voir les cerises montrer leurs têtes rouges à travers la verdure de leurs fruits, puis les prunes, les abricots et les pêches se couvrir de leurs soyeux duvets. Il aimait surtout le potager, et la vue d'une simple laitue, était pour lui un véritable plaisir. « Je les vois toutes petites, rangées en quinconce d'une manière agréable à l'œil. Elles croissent, on rapproche leurs feuilles larges et vertes, en les liant avec quelques brins de paille ; elles jaunissent et quelques jours après, il n'y a plus pour elles ni rosée ni soleil. »

II

Ce qu'il aimait plus encore, c'était la société de ses nouveaux frères, presque tous fleurs choisies transportées dans la solitude.... Après le dîner, venait la récréation qui durait une heure ; il s'y montrait d'une gaieté pleine d'entrain ; parfois cette nature vive, originale, soudaine et quelque peu comprimée, avait des retours, des échappées, des saillies gauloises qui faisaient les délices de son entourage. Mais les bons directeurs s'étonnaient un peu et essayaient de jeter la bride et le mors à cette turbulence fourvoyée. Ses maîtres ne le comprenaient pas tous ; l'imprévu de ses allures, ses convictions libérales, sa répulsion instinctive et irréfléchie pour tout ce qui est trop absolu et trop uniforme, trompèrent parfois leurs regards observateurs.

Au reste, là plus qu'ailleurs son défaut de cuirasse se fit bientôt sentir. Une lacune regrettable dans ses dernières études devait peser longtemps sur sa vie. La classe de Philosophie destinée à former l'homme au raisonnement et à discipliner la pensée sous des formes logiques, aux arêtes vives et fortes, avait complètement manqué son but providentiel. Avec son imagination ardente, sa parole alerte et facile, c'était, dans les cours, un jet incessant de flamme et de fumée, une verve jaillissante, un éclat et une originalité d'argumentation qui éblouissaient les élèves, mais jetaient le maître dans la stupeur, Il y avait, dit M. Foisset, dans ce théologien novice, presqu'autant d'insuffisance que de génie. » Aussi un matin dans une des allées d'Issy, M. l'abbé Garnier, alors Supérieur général de la Congrégation, aborda le jeune abbé Lacordaire qui venait de recevoir la sainte tonsure, et, lui prenant familièrement la main, lui dit : « Mon cher ami, je vous attends l'année prochaine à la maison de Paris. Je vous ferai maître de conférences, car il faut que vous étudiiez à fond la Théologie ; sans cela le plus beau talent manque de base. Je vous ferai catéchiste, afin que vous puissiez exercer votre don de parole : Venez, ajouta-t-il, je veux être votre confesseur. » La Sagesse même n'eût pas mieux parlé. On ne sait bien que ce que l'on peut enseigner : non seulement il lui fallait apprendre, mais aussi apprendre à enseigner. Celui-là comprenait le joyau que Dieu lui avait confié ; il voulait l'examiner, le tailler, le polir, et à nul autre il ne voulait confier ce travail.

Séduit par les paroles du vénérable vieillard, l'abbé Lacordaire accepta de grand cœur et se promit de se livrer tout entier à la sage direction d'un homme de si haute réputation de science et de bonté, et lui voua une affection qui n'a plus cessé.

Tous les ans le séminariste allait passer ses vacances tantôt à Conflans, chez Mgr de Quélen, archevêque de Paris, dans la campagne attenante au couvent du Sacré-Cœur ; tantôt à la Roche-Guyon, chez le duc de Rohan-Chabot, cet ancien officier de mousquetaires sous Louis XVIII, qui venait, à la suite de la mort d'une épouse adorée, de jeter l'épaulette pour prendre la soutane, et qui devait mourir archevêque de Besançon et cardinal. Il était aussi admis dans l'intimité de M. de Frayssinous, évêque d'Hermopolis. Certes, avec de tels protecteurs, il lui eût été facile de cultiver le germe de l'ambition s'il eût trouvé refuge dans son cœur. Mais il avait demandé à la Religion « l'obscurité et la paix, » et il resta fidèle à ce programme de la première heure. Au nombre des vertus qu'il visait dans sa formation sacerdotale, il comptait l'humilité, la plus rare et la plus divine de toutes, surtout dans ce milieu, avec son talent et l'avenir qui semblait s'ouvrir devant lui.

III

Il se plaisait à se faire aimer, à conserver dans le séminaire quelque chose de l'aménité qu'il avait puisée dans le monde, quelques grâces dérobées au siècle. Plus simple, plus communicatif, plus affable que dans son milieu profane, libre de toute ambition, faisant des rêves de pauvreté comme autrefois il faisait des rêves de fortune, il vivait doucement avec ses confrères et avec lui-même. Chaque jour, son influence grandissait, et ses condisciples subissaient de plus en plus le charme de sa conversation et de son talent.

Il eut un jour la preuve de la séduction qu'il exerçait à son insu, dans une circonstance qu'il a plaisamment racontée. Il est d'usage au séminaire de prêcher à tour de rôle au réfectoire pendant le repas. Le tour de Lacordaire vint. Voici comment il narrait l'épisode :

« J'ai prêché, c'est-à-dire que, dans un réfectoire où mangeaient cent trente personnes, j'ai fait entendre ma voix à travers le bruit des assiettes, des cuillers et de tout le service. Je ne crois pas qu'il y ait de position plus défavorable à un orateur que de parler à des hommes qui mangent ; et Cicéron n'eût pas prononcé les *Catilinaires* dans un dîner de sénateurs, à moins qu'il ne leur eût fait tomber la fourchette des mains dès la première phrase. Que serait-ce s'il avait eu à parler du mystère de l'Incarnation ? C'est cependant ce qu'il m'a fallu faire, et j'avoue que, à l'air d'indifférence qui régnait sur tous les visages, à cet aspect d'hommes qui ne semblent pas écouter, et dont toute l'attention paraît concentrée sur ce qui est dans leur assiette, il me venait comme des pensées de leur jeter mon bonnet carré à la tête. »

Mais bientôt les jeunes séminaristes se poussent du coude l'un l'autre : couteaux et fourchettes s'arrêtent d'eux-mêmes, et tout le monde prête une oreille attentive aux accents d'une voix qui, d'abord sobre et voilée, s'élève peu à peu et fait retentir la salle d'échos qui lui étaient inconnus. L'orateur, dans le feu de l'action, ne s'en apercevait guère, et ce ne fut qu'à la récréation suivante, aux félicitations fraternelles qui lui furent prodiguées, qu'il apprit l'effet produit.

Si telle était l'impression des élèves, le jugement des maîtres était plus sévère. Le professeur d'éloquence adressa à Lacordaire quelques observations, blâma le genre, et engagea les élèves à ne point trop l'imiter, ce en quoi, du reste, il n'avait pas tout à fait tort. Lacordaire était fait pour un ministère exceptionnel, brillant, transcendant même, et le ministère paroissial, auquel la plupart des séminaristes étaient appelés, ne comporte point ce genre, peu paternel et trop élevé pour la moyenne des auditoires.

De plus, les préventions que l'ancien avocat avait soulevées dès le lendemain de son entrée au séminaire allaient en s'aggravant. On s'inquiétait de son ardeur pour la discussion et de la part prépondérante qu'il y revendiquait pour la raison. Lorsqu'il élevait la voix en classe pour des objections, sa parole prenait un tour vif, original, hardi, presque frondeur, frisant l'impertinence. On l'avait prié, pour épargner le temps, de renvoyer ces difficultés à la fin de la classe ; mais le feu ne se raisonne pas, il se comprime. Le jeune théologien s'oubliait donc quelquefois : cette élite d'esprits distingués, mais froids, de dialecticiens consommés, mais habitués à la déférence la plus courtoise, s'entendaient mal à soumettre la nature primesautière et exubérante du petit Bourguignon. On en vint même jusqu'à douter de sa vocation, et après deux ans et plus passés sur les bancs, on ne se hâtait pas de l'appeler pour les ordres...

IV

Ces retards donnèrent à réfléchir au jeune clerc. Il se demanda si ce n'était pas là un signe de la Providence qui le voulait ailleurs. L'indécision de ses maîtres lui pesait; il pouvait se croire rejeté. Peu s'en fallut alors qu'il ne quittât le séminaire, non pour reprendre la vie séculière, mais pour entrer au noviciat des Jésuites à Montrouge. Deux ans auparavant, un autre séminariste avait touché, lui aussi, à Saint-Sulpice, et en était sorti pour embrasser une vie plus étroite et se donner désormais à l'apostolat des missions et de l'éducation chrétienne des jeunes gens. Ce séminariste s'appelait Xavier de Ravignan, et la milice à laquelle il avait donné son nom, c'était la Compagnie de Jésus. Comme tous ses contemporains, Henri Lacordaire avait eu de grandes préventions contre les Jésuites, mais on ne pouvait méconnaître en eux des hommes d'initiative. Découragé par la méfiance de ses directeurs, il pria donc l'abbé de Rohan de faire une démarche auprès de l'archevêque de Paris pour obtenir de lui la permission nécessaire. Mgr de Quélen, qui avait eu l'occasion d'apprécier son jeune abbé et l'aimait comme une de ses plus précieuses conquêtes et l'honneur futur de son clergé, refusa; et, devant sa volonté formelle, le Conseil des directeurs voulut bien reconnaître qu'il s'était trompé sur le fond de cette nature privilégiée.

La veille de Noël de l'année 1826, l'abbé Lacordaire reçut le sous-diaconat, et le 22 septembre 1827, il fut ordonné prêtre par Mgr de Quélen dans sa chapelle particulière. Il avait vingt-cinq ans. Cette date passa désormais dans ses dyptiques intimes, et, chaque année, il en célébrait le retour comme de l'évènement le plus heureux de sa vie. Le 25, il écrivait dans son ravissement à M. Lorain : « Ce que je voulais faire est fait, je suis prêtre depuis trois jours, *sacerdos in æternum.* » Le Divin Ami avait récompensé les sacrifices de son serviteur; le serviteur, à son tour, allait lui dévouer toute son intelligence, toute sa force, tout son cœur.

La moins heureuse de cette journée ne fut pas Madame Lacordaire ; bientôt elle quittera Dijon en grande joie pour venir se fixer auprès de son fils bien-aimé, désormais tout à Dieu sans cesser d'être à elle.

Il était prêtre, mais qu'allait-il devenir? L'administration diocésaine avait tout d'abord songé à l'attacher à l'un des premiers vicariats de Paris, à la Madeleine, ou bien en qualité de prêtre administrateur à l'église Saint-Sulpice. Mais toute réflexion faite, on comprit qu'il n'était pas né pour le ministère paroissial. On le sentait appelé à un rôle tout particulier, mais lequel ? on hésitait toujours.

Sur ces entrefaites, l'abbé Lacordaire qui, dans l'absence de M. Garnier, s'adressait pour la direction de sa conscience à un autre Sulpicien, M. Boyer, saint et digne prêtre, instruit autant que modeste, et parent de Mgr Frayssinous, entrait un jour chez lui, tout préoccupé de son avenir.

« Vous arrivez bien à propos, lui dit M. Boyer ; asseyez-vous là, mon très cher ; je veux vous faire cardinal. »

— Vous voulez rire, répond l'abbé Lacordaire.

« Non pas, non pas, je veux vous faire cardinal. Ecoutez-moi. » Et il se mit à lui raconter comment la place d'auditeur de Rote à la cour romaine étant vacante par la nomination de Mgr d'Isoard à l'archevêché d'Auch, Mgr Frayssinous, ministre des affaires ecclésiastiques, était venu lui demander un jeune prêtre pour cette prélature importante. « Je le veux d'un mérite hors ligne, avait-il dit, d'une instruction solide, unie au poli de l'éducation, digne enfin de représenter honorablement la France à la cour de Rome. »

« J'y penserai, » avait répondu M. Boyer. « Et j'y pensais en effet, reprit-il, quand vous êtes entré. Ainsi, vous le voyez, mon cher ami, c'est la Providence elle-même qui vous ouvre cette magnifique carrière, et nul mieux que vous, par votre talent, votre science du droit, votre habitude du monde et de la parole, n'est capable de la remplir. »

L'abbé Lacordaire, un moment surpris par cette perspective inattendue, n'en fut point ébloui. « Monsieur, répondit-il, lorsque je me suis décidé à entrer dans le sacerdoce, je n'ai eu en vue qu'une chose, servir l'Eglise par la parole, c'est là ma carrière. Si j'avais désiré les honneurs, je serais resté dans le monde. Ainsi, veuillez ne plus penser à moi, je serai simple prêtre, et probablement un jour, religieux. »

Le P. Chocarne, qui raconte ce fait, remarque avec une légitime admiration que la modestie du P. Lacordaire leur avait laissé ignorer ce touchant épisode pendant toute sa vie. C'est M. Garnier lui-même qui a révélé ces détails.

Quoi qu'il en soit, en attendant l'heure et l'indication de la Providence, l'abbé Lacordaire fut nommé aumônier d'un couvent de Visitandines auquel était adjoint un petit pensionnat. On avait pensé que le silence, le recueillement et l'étude, seraient la meilleure préparation à ses destinées futures, et il pouvait répéter avec le Prophète : Le Seigneur m'a appelé dès le sein de ma mère, il s'est souvenu de mon nom. Il a fait de ma bouche comme une épée puissante ; il m'a protégé sous l'ombre de sa main, et m'a mis en réserve comme une flèche choisie ; et il m'a caché dans son carquois et il m'a dit : Tu es mon serviteur et je me glorifierai en toi. Car je t'ai établi la lumière des Nations (1).

(1) *Dominus ab utero vocavit me ; de ventre matris meæ recordatus est nominis mei. Et posuit os meum quasi gladium acutum ; in umbra manus suæ protexit me. Sicut sagittam electam in pharetra sua abscondit me et dixit mihi : servus meus es tu, in te gloriabor... Ego dedi te in lucem gentium.* Isaie, ch. 49.

CHAPITRE V

Combats d'avant-postes.

Etudes préparatoires à la lutte. — L'armée du mal. — Le chef réputé de l'armée du bien. — Projets de mission en Amérique. — L'*Avenir*.

I

Monter dans les grandes chaires est une lourde charge, et des connaissances, même sérieuses, en philosophie, en théologie et en histoire, n'y suffisent pas. Il faut, en une longue préparation, fourbir ses armes, étudier l'ennemi, choisir le terrain le plus propice à l'attaque ou à la défense. L'abbé Lacordaire le comprit, et accepta un petit logement dans les dépendances du monastère, rue Saint-Etienne-du-Mont. Son rôle se bornait à faire quelques instructions à trente pensionnaires de douze à dix-huit ans, et à les confesser. Il s'acquitta de ses fonctions avec le zèle et l'exactitude qu'il mettait à tout; mais il y avait une trop grande disproportion entre le docteur et les jeunes intelligences, ses disciples; on l'admirait souvent, on ne le comprenait pas toujours. Les Religieuses le trouvaient attachant, neuf; mais « *il faisait trop de metaphysique.* »

Un an plus tard, l'archevêque le présenta à M. de Vatiménil pour en faire le second aumônier du collège Henri IV. Ici le travail ne manquait guère, mais quel ministère ingrat, tranchons le mot, misérable! Il avait connu le lycée de Dijon, ceux de Paris étaient bien plus encore gangrenés d'impiété et de libertinage. « Que faire? dit-il, j'étais seul. Quand on est seul, il faut se cacher et attendre. Je me cachai et j'attendis. Trois ans se passèrent. C'est peu de chose dans la vie d'un homme, et beaucoup dans la jeunesse naturellement vive et incapable de porter longtemps un fardeau. Je me lassai de cette vie, et je regardai au loin s'il n'était pas sur la terre quelque lieu où un prêtre peut vivre libre. »

Il y a dans ces quelques lignes tout un drame que l'on devine; des déceptions sans nombre qui finirent par décourager le jeune champion. Pourtant toute consolation ne lui manquait pas. Sa mère était près de lui et, bien qu'il n'eût guère d'amis, il s'en faisait de ses livres et des grands génies qui l'avaient précédé dans la défense de la Vérité.

Le clergé de la capitale était attentif à ses débuts, on comptait que le brillant avocat se hâterait de monter dans la tribune sacrée. Les feuilles religieuses l'y encourageaient et reproduisaient avec de pompeux éloges quelques fragments de sermon prononcé au collège Stanislas à des jeunes gens. Mais l'athlète ne se trouvait pas suffisamment armé. Pour lutter avec l'impiété, il voulait être sûr de vaincre; et trois années durant il prépara ses armes et visita avec une ardeur fiévreuse l'arsenal gigantesque des Pères de l'Eglise. « La force est aux sources, écrit-il, et je veux y aller voir. Le travail sera long... Tout ce que j'ai lu jusqu'ici sur la défense de la religion me semble faible et incomplet. »

Il approfondissait saint Augustin, Platon, Aristote, Descartes, l'histoire ecclésiastique, ainsi que les ouvrages de La Mennais. « Je rêve, je pense, je lis, je prie le bon Dieu, je ris deux ou trois fois par semaine, je pleure une fois ou deux. Je m'échauffe de temps en temps contre l'Université... Ajoutez à cela quelques instructions improvisées à des élèves de troisième et de quatrième, voilà ma vie. »

De sa solitude, il étudiait aussi la marche du siècle. Il voyait avec une tristesse navrée la société descendre chaque jour davantage dans les abîmes du matérialisme, et il soupirait après le moment où il lui serait donné d'aller jeter, à la foule stupéfaite, le nom auguste, le nom honni, hélas! du Sauveur, Jésus-Christ!...

II

Mais qu'est-ce qu'un soldat isolé en face de l'armée immense, formidable des mécréants : fanfarons de vice, apôtres d'impiété ou masse frivole et flottante des indifférents et des pervers, victimes de tout vent de doctrine qui passe, pourvu qu'il ne demande ni un sacrifice, ni un acte austère de vertu? Est-ce que les chaires de l'Etat n'étaient pas toutes occupées par des ennemis, par des incrédules décorés du nom de savants : savants en histoire, savants en physique et chimie, rois d'éloquence peut-être, mais, à coup sûr, ne s'entendant que sur un point : barrer la route au christianisme, le déclarer usé, vieilli, ayant fait son temps, bon tout au plus à passer pour un ancêtre que l'on dédaigne? Est-ce que Jouffroy, résumant l'opinion commune, ne le regardait pas comme un corps en décrépitude, et en vérité trop lent à mourir?...

Tous les jeunes lévites, ceux surtout qui avaient de la sève et du sang dans les veines, sentaient l'indignation leur monter au cœur, leur plume s'agiter, leurs lèvres frémir pour la défense de la foi et de la sainte Eglise, fille de la lumière, mère du progrès véritable et sauvegarde de la civilisation. Aussi, de toutes parts, cherchait-on un chef, un mot d'ordre, un appel vibrant aux armes. Un nom venait sur bien des lèvres et s'imposait à l'attention de tous les catholiques. « Sur dix séminaristes qui donnaient des espérances, dit M. Foisset, neuf se jetaient aux pieds de La Mennais, qui seul levait l'étendard de la résistance. L'immense fascination qu'il a exercée sur le jeune clergé tint surtout à cette cause, et c'est là ce qui devait, à un moment donné, lui livrer un jour Lacordaire, bien qu'il n'eût pour ses écrits qu'une sympathie bien limitée. »

« La Mennais, avait, en 1830, quarante-huit ans. A le voir, rien de l'agitateur. Un petit homme au corps grêle, aux cheveux plats, au teint bilieux. D'ordinaire, le regard est timide et voilé, mais, en parlant, son œil gris s'allume et brille d'un feu sombre et pénétrant; la voix, d'abord si douce qu'à peine parvient-elle aux oreilles, vibre bientôt, parfois grêle, parfois stridente, moqueuse, lançant des éclats de rire aigus. Avec ses amis, La Mennais se montre d'une tendresse passionnée; mais qu'ils y prennent garde, qu'ils sachent bien que ses affections sont tyranniquement soumises à l'esprit. Lui qui ne se laissa jamais dominer par personne, il aime ceux-là seuls qui se laissent dominer par ses idées; les autres, il les dédaigne ou les hait, il les maudit ou les insulte.

« Tout d'abord, il a défendu l'autorité absolue des rois au même titre que la prédominance des papes; mais en attaquant le gallicanisme qui soumet la religion aux princes, il s'est heurté au pouvoir royal. Alors, il se retourne pour maudire la monarchie traditionnelle et prophétise sa ruine. Avec la même raideur qu'il combattit pour les rois, le sombre polémiste se prépare à lutter pour l'émancipation des peuples; il entreprend de réconcilier l'Eglise et la Démocratie (1). » Mais cette tâche magnifique, La Mennais, à cause de son âpre et violent génie, était l'homme du monde le moins propre à l'accomplir; ses idées sont trop mouvantes, sa science trop inspirée par la passion, son autorité trop limitée; œuvre de prudence, de douceur, de justice et d'amour, elle attendait son législateur sur le trône de saint Pierre en la personne de Léon XIII.

M. de La Mennais avait su attirer autour de lui, pour le succès de l'œuvre qu'il méditait, de jeunes et vigoureux champions, dominés par l'ascendant de son nom et l'autorité de son talent: MM. Gerbet, Rohrbacher, de Coux, Bastels, Maurice de Guérin, d'Ault du Mesnil, de Montalembert, de Salinis, Daguerre; il appela aussi Lacordaire, et au mois de mai 1830, il invita le jeune prêtre d'avenir à passer quelques jours au petit domaine de La Chesnaie, en Bretagne.

(1) Le P. Lecanuet, dans le *Correspondant* du 25 février 1895.

Lacordaire et Montalembert avec l'abbé de La Mennais.

III

L'invitation arrivait à son heure. L'abbé Lacordaire avait été chargé par les aumôniers, ses collègues, de rédiger un mémoire sur l'état religieux et moral des collèges royaux à Paris, mémoire destiné à passer sous les yeux du Ministre des Affaires ecclésiastiques. Ce n'est qu'un long cri de douleur sur l'esprit d'irréligion qui règne dans ces maisons d'éducation officielle, et sur l'impuissance des aumôniers à y remédier. Pas plus auprès des élèves de Henri IV qu'auprès des pensionnaires des Visitandines, il ne trouvait l'emploi des dons qu'il sentait bouillonner en lui. Plus que jamais il s'inquiétait de sa destinée. Dans l'impatience de répandre le feu de prosélytisme dont il était dévoré, il se sentait captif, même dans sa parole. « La parole du prêtre m'était confiée, s'écria-t-il un jour, je sortis du temple et je rencontrai sur le seuil les lois et la servitude. Les lois ne me permettaient pas d'enseigner la jeunesse en France, sous un roi très chrétien, et si j'eusse voulu, comme mes Pères, m'enfermer dans les solitudes pour y bâtir un lieu de prières et d'un peu de paix, on eut trouvé d'autres lois pour m'en bannir. »

Depuis si peu d'années qu'il était prêtre, il avait vu les collèges des Jésuites supprimés, l'enseignement dans les Petits-Séminaires soumis à des mesures restrictives gênantes, le gallicanisme escorté d'une garde d'honneur, l'Eglise asservie, garottée. Est-il étonnant qu'il ait regardé au dehors, pour chercher une patrie plus libérale et une Eglise moins enchaînée?

« Je me lassai de cette vie, disait-il plus tard, et je regardai au loin pour voir s'il n'était pas sur la terre quelque lieu où un prêtre pût vivre libre. Qui n'a tourné les yeux, dans ces moments où la patrie fatigue, vers la République de Washington? Qui ne s'est assis par la pensée à l'ombre des forêts et des bois d'Amérique? J'y jetai mes regards, las du spectacle qu'ils rencontraient en France, et je résolus d'aller leur demander une hospitalité qu'ils n'ont jamais refusée ni au prêtre, ni au voyageur. »

Mais avant de partir il voulut voir le seul prêtre qui, jusqu'alors en France, ait paru se préoccuper des grandes questions de liberté et d'indépendance qui obsédaient son esprit et son cœur. Un soir donc de mai 1830, précédé par une lettre qui annonçait son arrivée, Lacordaire vint frapper à la porte de La Chesnaie.

L'homme qui demeurait dans ce vieux manoir, en face d'un étang brumeux, dont les eaux grises reflétaient de longues branches de chênes et de hêtres, n'occupait dans l'Eglise ni rang, ni dignité. Et cependant il possédait plus d'influence et plus d'autorité qu'évêques et cardinaux. La pensée catholique semblait s'être réfugiée chez lui. L'homme sec et nerveux, à figure maigre et jaune, tranchant dans ses discours, le reçut avec affabilité. De ce Port-Royal breton Lacordaire pourtant ne revint pas particulièrement séduit. « L'entretien et la tenue, a-t-il écrit plus tard, respiraient une sorte d'idolâtrie que je n'avais jamais vue auparavant. Cette visite, en me causant plus d'une surprise, ne rompit pas cependant le lien qui venait de me rattacher à l'illustre écrivain. »

Il avait rencontré là comme l'envoyé de la Providence, l'évêque de New-York, Mgr Dubois, qui, cherchant un prêtre distingué qu'il put emmener avec lui dans son diocèse, offrit à Lacordaire un poste de vicaire-général. Le jeune prêtre accepta, et, muni du double consentement de sa mère et de son archevêque, se rendit en Bourgogne pour faire ses adieux à sa famille et à ses amis.

Et voilà que, comme pour donner raison aux invectives et aux prophéties de La Mennais, en trois jours d'orage le trône de France s'écroule et les rois sont de nouveau voués à l'exil. De toutes parts les peuples s'agitent, par delà les Alpes et les Pyrénées, de l'autre côté du Rhin et de la Vistule, l'Italie, l'Espagne, la Belgique et la Pologne, se soulèvent au nom de la liberté.

Les idées que Lacordaire voulait étudier en Amérique allaient-elles enfin être discutées au grand jour dans son pays. L'heure de l'affranchissement de la religion, de la réconciliation des esprits et par la même de la rénovation rêvée pour la société et la Patrie, allait-elle sonner? Il en était là de ses réflexions, lorsqu'il reçut une lettre de l'abbé Gerbet, qui lui annonçait la fondation du journal l'*Avenir*, et lui demandait, au nom de son Maître, sa collaboration.

IV

Que l'on juge de sa surprise et de sa joie! « Cette nouvelle me causa, a écrit Lacordaire, une joie sensible et une sorte d'enivrement. Celui qu'il regardait comme l'O'Connell français le conviait à combattre avec lui le bon combat, il lui mettait en main une arme excellente, appropriée à ses goûts et à ses études. Comment ne pas répondre à cet appel, et comment hésiter à se jeter dans la mêlée, sous un tel chef? Il accepta donc de grand cœur et il se livra dans cette campagne à toute la fougue de sa jeune vaillance.

L'*Avenir*, dans la pensée de ses fondateurs, devait régénérer l'opinion catholique en France, la ressusciter; but excellent, mais un autre venait s'y adjoindre qui paraissait plus dangereux: sceller l'union de cette opinion catholique avec le progrès appelé libéral. Qu'était, et que devait être ce progrès libéral? là était toute la question et aussi le danger. Il faut se défier des formules vagues qui ne disent rien, précisément parce qu'elles disent trop ou trop peu. « Les mots, dit saint Augustin, sont des vases qui portent nos pensées. » Le mot était séduisant, mais qu'était la pensée?

La devise du nouvel organe catholique : *Dieu et liberté*, disait très haut le but de ses rédacteurs: revendiquer pour l'Eglise de France tous les privilèges de la liberté, et subsidiairement demander respect à la charte et aux lois justes, et pour tout le reste indépendance absolue du pouvoir ; liberté des opinions par la presse ; liberté d'enseignement et guerre au monopole universitaire ; liberté d'association, et guerre aux vieilles lois anti-monastiques ressuscitées des plus mauvais jours de la Révolution ; liberté et indépendance morale du clergé, par l'abolition du budget des Cultes. Combats d'avant-garde et singulièrement aventurés. Car enfin on ne mettait à ces libertés que des limites incertaines et vagues, on se préoccupait peu des abus que l'humaine nature ne manquerait pas d'y faire fleurir. Trop radicale dans ses principes, cette polémique l'était surtout dans ses procédés. *La liberté ne se donne pas, elle se prend,* disait-on sans cesse. Et chaque matin on enregistrait de nouveaux faits d'armes, on lançait des éclaireurs, on stimulait les retardataires, on attachait au pilori les prétendus déserteurs. En un mot, on parlait au clergé, comme à une armée rangée en bataille.

Celui qu'on a pu appeler un *pamphlétaire de génie*, l'homme dont l'éloquence était toute de haine et d'invective, y devait trouver son compte. Attaquer des abus, crier au despotisme, écrire des diatribes enflammées, La Mennais y excellait. La petite phalange des athlètes novices était là, tout entière, autour du Maître : Gerbet, le Fénélon de son temps ; Rohrbacher, le nouvel historien de l'Eglise ; de Coux, d'Ault-du-Mesnil ; Montalembert y viendra, mais en première ligne Lacordaire, le bouillant porte-parole. C'est lui qui rédigea les plus vives catilinaires et aborda les questions les plus ardues. Les articles sur la suppression du budget du clergé sont de lui, système gros de complications et d'inconnus redoutables. Il le comprendra plus tard, mais écoutons ses écrits d'aujourd'hui : « Nous sommes payés par nos ennemis, par ceux qui nous regardent comme des hypocrites ou des imbéciles, et qui sont persuadés que notre vie tient à leur argent. Ils sont nos débiteurs, sans doute, et c'est le pire qu'étant nos débiteurs, ils soient parvenus à croire qu'ils nous font une aumône !... et il y a trente ans et quatre mois que nous nous baissons pour la ramasser... » Et sur la séparation de l'Eglise et de l'Etat: « Ils se moquent de vos prières, et ils vous ordonnent de chanter. Si vous n'obéissez pas, vous êtes des séditieux, à qui le trésor sera fermé ; si vous obéissez, vous leur devenez si vils, qu'il n'y a pas de termes dans les langues pour exprimer ce qu'ils pensent de vous. Et pourtant ils n'ont de titre contre l'Eglise que celui de son débiteur ! »

Mais en signalant les écarts de doctrine et l'enflure déclamatoire du ton, n'oublions pas de rendre justice à la sincère bonne foi des convictions, à la pureté initiale du but, à la droiture des intentions, et par-dessus tout à la parfaite docilité à la chaire de Pierre. « Si dans les principes que nous préférons, déclarèrent un jour les rédacteurs, il y a quelque chose qui soit contraire à la foi et à la doctrine catholique, nous supplions le Vicaire de Jésus-Christ de daigner nous en avertir, lui renouvelant la promesse de notre parfaite docilité. »

Notons aussi les circonstances atténuantes: le chaos des opinions au lendemain d'une révolution, la situation vraiment intolérable faite au clergé, le mauvais vouloir du gouvernement, le choix équivoque de quelques évêques, les prêtres insultés, les religieux expulsés, les violations d'églises obligées de recevoir la dépouille des païens civilisés, d'hommes impies et notoirement morts dans l'excommunication. C'était une bataille en règle organisée par le pouvoir, et ce n'est pas sous le feu des combattants qu'il faut aller chercher le calme, la modération.

Il faut entendre les harangues enflammées de Lacordaire au milieu de cette mêlée, du haut de cette tribune de l'*Avenir*.

A Aubusson, un sous-préfet avait fait introduire de force dans l'église un homme mort après avoir refusé les sacrements; prétention absurde, car enfin si cet homme était catholique pourquoi a-t-il refusé les secours que lui offrait le prêtre, pourquoi s'est-il conduit en païen; s'il n'est pas catholique pourquoi lui imposer des prières auxquelles il ne croit pas?

Lacordaire prend note de cette inconséquence jointe à une tyrannie méprisante, et, s'adressant aux prêtres de

France, il leur dit : Un de vos frères a refusé à un homme mort hors de votre communion les paroles et les prières d'adieu des chrétiens... votre frère a bien fait, il s'est conduit en homme libre, en prêtre du Seigneur résolu à garder ses lèvres pures de bénédictions serviles ; votre frère a bien fait ! sommes-nous les fossoyeurs du genre humain... ? Mais une ombre de proconsul a cru que tant d'indépendance ne convenait pas à un citoyen, aussi vil que le prêtre catholique. Il a ordonné que ce cadavre serait présenté devant les autels, fallût-il employer la violence... Sa volonté a été accomplie... le mort a violé le domicile de Dieu... Un simple sous-préfet, un salarié amovible a fait cela devant la loi qui déclare que les cultes sont libres ; et qu'est-ce qu'un culte libre si son temple ne l'est pas, si l'on peut y apporter de la boue, les armes à la main ? Il a fait cela à la moitié des Français, lui, ce sous-préfet !...

Louis-Philippe vient de nommer trois évêques suspects à la Rédaction. Lacordaire attaque cette nomination, lui imputant des intentions perverses avec une intempérance de langue par trop excessive.

A ce compte leur cause fut bientôt suspecte, leur journal discuté, presque condamné.

Irrité, non sans raison, par ces deux articles, le gouvernement fit traduire Lacordaire, en même temps que La Mennais, devant le jury ; ils furent acquittés. Les journaux de toute nuance se mirent à les harceler, c'était plutôt pour eux une joie et un aiguillon nouveau. Mais les doctrines philosophiques de M. de La Mennais et les théories absolues de son journal, celles surtout qui représentaient le traitement du clergé comme le lien de l'asservissement de la honte, alors qu'il n'est que la conséquence du concordat, avaient excité dans l'épiscopat une défiance qui croissait de jour en jour. Et comme le jeune clergé surtout était ravi de la générosité et de la hardiesse un peu révolutionnaire de ces accents, quelques prélats écartèrent des ordres certains séminaristes qui s'étaient prononcés dans le sens de l'*Avenir* ; d'autres destituèrent des professeurs de théologie, coupables d'en avoir adopté les principes, il en fut même qui allèrent jusqu'à interdire à leurs prêtres la lecture du journal lui-même.

Les nuages s'amoncelaient donc sur la tête de l'*Avenir*. D'autre part la jeune école s'effrayait du bruit fait par cette guerre; sa foi et sa loyauté s'arrangeaient mal des soupçons d'hétérodoxie qui la poursuivaient. Aussi désirait-elle une explication franche, à ciel ouvert. Enfin les fonds du journal baissaient lamentablement. Lacordaire proposa donc de recourir au Saint-Siège pour donner, par cette démarche éclatante, une preuve de sincérité que personne ne pourrait récuser quoiqu'il arrivât.

L'expédient fut accepté et les trois principaux rédacteurs partirent pour Rome, le 13 novembre 1831. Ils s'étaient jetés en enfants perdus, à l'arme blanche et tête baissée, dans le bataillon des puissances humaines, sans mesurer les coups, sans distinguer les adversaires, ils allaient se heurter plus inconsidérément encore au pouvoir qui n'est pas de ce monde (1). L'*Avenir* avait duré treize mois...

(1) Tout ce paragraphe n'est que le résumé du travail du P. Chocarne sur le sujet.

CHAPITRE VI

Rupture avec La Mennais.

Montalembert. — L'accueil à Rome. — Condamnation des idées philosophiques et sociales de La Mennais. — Rupture définitive et publique.

I

Nous avons à peine nommé Montalembert, et cependant il fut l'un des trois rédacteurs principaux partis pour Rome. Au premier bruit de la fondation de *l'Avenir*, il était accouru du fond de l'Irlande engager sa vie publique sous cette bannière de Dieu et de la liberté qui resta celle de sa foi politique et religieuse. Il vit là, chez M. de La Mennais, l'abbé Lacordaire pour la première fois. Leur amitié date de ce jour, elle ne devait pas finir même avec la mort, tant elle fut vive et profonde.

La chaude peinture que Montalembert a faite de cette première rencontre laisse deviner combien, pour sa part, il y fut sensible. Quant à Lacordaire, il désirait ce jour depuis longtemps. Il n'avait pas encore rencontré l'amitié telle qu'il la cherchait. Désormais il ne sera plus seul, et sa mère ne lui dira plus : Tu n'as point d'amis! Il disait de celui que le Ciel venait de lui donner : « C'est un jeune homme charmant et que j'aime comme un plébéien. Je suis sûr que s'il vit, sa destinée sera pure comme un lac de Suisse entre les montagnes, et célèbre comme eux. »

Plus d'un historien du P. Lacordaire a vu l'impression faite sur son âme par cet ami de choix dans cette peinture exquise de l'amitié entre jeunes gens, qu'il écrivait avant de mourir dans son beau livre de *Sainte Madeleine*. Lisons et jugeons nous-mêmes :

« Lorsqu'un jeune homme, aidé de la grâce toute-puissante qui vient du Christ, retient ses passions sous le joug de la chasteté, il éprouve dans son cœur une dilatation proportionnée à la réserve de ses sens; et le besoin d'aimer, qui est le fond de notre nature, se fait jour en lui par une ardeur naïve qui le porte à s'épancher dans une âme comme la sienne... La sympathie ne se refuse qu'à celui qui ne l'inspire pas... tout cœur pur la possède, et, par conséquent, tout cœur pur attire à lui, n'importe à quel âge. Mais combien plus dans la jeunesse! combien plus lorsque le front est paré de toutes les grâces qui attendrissent, et que la vertu l'illumine de cette autre beauté qui plaît à Dieu lui-même! Ainsi parut David à Jonathas, le jour où David entra dans la tente de Saül, tenant la tête du géant dans la main droite, et qu'interrogé par le roi sur son origine, il répondit : « Je suis le fils de votre serviteur Isaï, de Bethléem. » « *Aussitôt,* dit l'Ecriture, *l'âme de Jonathas s'attacha à l'âme de David, et Jonathas l'aima comme son âme.* »

« Singulier effet d'un seul regard! Tout à l'heure encore, David gardait les troupeaux de son père, Jonathas était sur le seuil d'un trône, et, en un instant, la distance s'efface : le pâtre et le prince ne font plus, selon l'expression même de l'Ecriture, qu'une seule âme. C'est que, dans ce jeune homme tout pâle encore des faiblesses de l'enfance, et tenant néanmoins d'une main virile la tête sanglante d'un ennemi vaincu, Jonathas a deviné le héros, et que David, en voyant le fils de son roi se pencher vers lui, sans jalousie de sa victoire et sans orgueil du rang, a reconnu, dans ce mouvement généreux, un cœur capable d'aimer, et digne par conséquent de l'être. »

Ces deux natures, issues d'origines si opposées, et si bien faites l'une pour l'autre, s'étaient devinées du premier regard. Nous avons entendu Lacordaire, écoutons maintenant Montalembert :

« Que ne m'est-il donné, dit-il, de le peindre tel qu'il m'apparut alors dans tout l'éclat et le charme de la jeunesse? Il avait vingt-huit ans : il était vêtu en laïque (l'état de Paris ne permettant pas aux prêtres de porter leur costume) : sa taille élancée, ses traits fins et réguliers, son front sculptural, le port déjà souverain de sa tête, son œil noir et étincelant, je ne sais quoi de fier et d'élégant en même temps que de modeste dans toute sa personne, tout cela n'était que l'enveloppe d'une âme qui semblait prête à déborder, non seulement dans les libres combats de la parole publique, mais dans les épanchements de la vie intime. La flamme de son regard lançait à la fois des trésors de colère et de tendresse ; elle ne cherchait pas seulement des ennemis à combattre et à renverser, mais des cœurs à séduire et à conquérir. Déjà, sa voix, si nerveuse et si vibrante, prenait souvent des accents d'une infinie douceur. Né pour combattre et pour vaincre, il portait déjà le sceau de la double royauté de l'âme et du talent. Il m'apparut charmant et terrible, comme le type de l'enthousiasme du bien, de la vertu armée pour la vérité. Je vis en lui un élu, prédestiné à tout ce que la jeunesse adore et désire le plus : le génie et la gloire. »

Depuis ils ne s'étaient pas quittés. « Nous nous aimions, a dit plus tard Montalembert, comme on s'aime dans ces purs et généreux élans de la jeunesse, et sous le feu de l'ennemi. »

Montalembert était là, lorsque, au cours des démêlés de *l'Avenir* avec la justice, Lacordaire et La Mennais durent discuter devant les tribunaux une question à laquelle les années écoulées n'ont rien enlevé de son intérêt, celle de l'obéissance que le prêtre doit aux lois quand il les croit mauvaises, quand sa conscience lui commande de réclamer leur abrogation.

« J'ai provoqué la désobéissance aux lois, avait dit Lacordaire, j'ai commis une faute grave, car les lois sont sacrées. Elles sont après Dieu le salut des nations, et nul ne doit leur porter un respect plus grand que le prêtre chargé d'apprendre aux peuples d'où leur vient la vie, et d'où leur vient la mort. Cependant, je l'avoue, je n'éprouve pas pour les lois de mon pays cet amour célèbre que les peuples anciens portaient aux leurs, car le temps n'est plus où la loi était l'expression véritable des traditions, des mœurs et des dieux d'un peuple. » Puis, il avait revendiqué avec fierté son droit d'exposer les griefs que nourrissait l'Eglise catholique ; les croix, les églises, les personnes outragées, l'enseignement religieux entravé ; « *mille despotes ont fait contre nous de la tyrannie au nom de la liberté.* »

Lacordaire et Montalembert avaient combattu ensemble lors du procès retentissant de l'Ecole libre. Ensemble ils avaient ouvert une école au nom de la charité ; ensemble ils avaient été saisis et expulsés par la police ; ensemble ils avaient parlé devant la Chambre des Pairs ; ensemble ils avaient vaincu, au moins partiellement, et assuré à bref délai la liberté d'enseignement.

Voilà donc les deux âmes naïves qui entouraient le Breton bilieux et obstiné. Comme un vieux lutteur, il dominait ces athlètes novices de toute la force de son génie déjà éprouvé, de sa résistance invincible ; il les dominait par la science des coups et l'opiniâtreté de son vouloir (1).

II

Dès leur arrivée dans la ville sainte, il fut visible à l'accueil réservé qui leur fut fait partout, qu'ils n'obtiendraient pas gain de cause. Avant de leur donner audience, le Saint-Père leur fit demander un mémoire sur leurs vues et intentions. Lacordaire le rédigea ; on les laissa deux mois sans mot dire. Puis le cardinal Pacca écrivit à M. de La Mennais que le Pape, tout en rendant justice à ses services et à ses bonnes intentions, les avait vus avec mécontentement remuer des controverses et des opinions au moins dangereuses, qu'il ferait du reste examiner leurs doctrines, et que, comme cet examen pouvait être long, ils pouvaient retourner dans leur patrie.

Le Pape consentit ensuite à les recevoir, les traita avec la bonté paternelle qui lui était naturelle, ne leur fit pas

(1) « Le Pape est dans l'ornière, avait-il dit, il faut l'en tirer. » Orgueil monstrueux, indigne d'un prêtre, et qui faisait prévoir les chutes les plus retentissantes et les plus tristes.

l'ombre d'un reproche, mais ne fit pas non plus la moindre allusion à l'affaire qui les avait amenés à Rome.

La cause était évidemment jugée, et le Pape n'y mettait toutes les formes de la bienveillance et de la charité que pour adoucir l'amertume d'un désaveu certain. Ainsi le comprit l'abbé Lacordaire. Eloigné de Paris, du champ de bataille, rendu à lui-même, éclairé et apaisé par cette atmosphère de calme et de lumière qu'on respire dans la capitale du monde catholique, il soupçonna ce qu'était Rome. Il accompagnait un homme de génie, puissant littérateur, initiateur fougueux, et Rome prenait à peine garde à lui. Ils apportaient un système, le seul, à leur sens, capable de sauver l'Eglise. Un système ! l'Eglise en a tant vu passer, et le salut ne lui est pas venu de là, mais de Dieu qui la soutient. Ils apportaient des conseils, mais l'Eglise a reçu d'en haut l'Esprit de conseil comme l'Esprit de vérité. Les sociétés vivent par elle, et elle n'attend d'aucun homme la leçon de ce qu'elle doit aux peuples et aux rois (1).

Cette solution peu brillante lui disait tout cela et il le comprit. Mais La Mennais et Montalembert furent profondément froissés. L'obéissance est la pierre de touche de la foi pratique, c'est elle qui distingue l'or de l'alliage. Lacordaire résolut de partir, tandis que La Mennais et Montalembert s'obstinèrent à rester. Les imprudents ! ils voulaient, disaient-ils, une solution claire et publique ; les ingrats ! ils méconnaissaient la main paternelle qui les traitait avec tant d'égards. — « Ou bien il ne fallait pas venir, ou bien il faut nous soumettre et nous taire. » Telle était la conclusion de Lacordaire. C'était celle du bon sens. Il quitta donc ses amis le 15 mars 1832 et revint seul en France.

Il avait d'ailleurs abordé la Ville Sainte avec tout le respect dû à la tombe des apôtres et des martyrs. « Arrivé au tombeau des saints apôtres Pierre et Paul, raconte-t-il, je me suis agenouillé et j'ai dit à Dieu : Seigneur, je commence à sentir ma faiblesse, ma vue se couvre ; ayez pitié de votre serviteur... écoutez la prière

(1) Le P. Chocarne, loc. cit., p. 110.

du pauvre. » Et il était sorti de Rome libre et victorieux.

On sait ce qui suivit. M. de La Mennais après quatre mois d'attente, perdit patience et partit à son tour, annonçant publiquement l'intention de reprendre sans autre forme de procès, *l'Avenir*. A cette nouvelle, Lacordaire résolut de quitter la France pour ne pas même paraître se mêler à cet acte de rebellion et partit pour l'Allemagne dans l'intention de s'y créer une solitude calme et studieuse. On lui avait dit que Munich était une ville où la vie matérielle était peu dispendieuse et les ressources intellectuelles abondantes, il emprunta cent écus pour s'y rendre.

Un singulier hasard le fit courir au devant de celui-là même qu'il fuyait. La Mennais et Montalembert, revenant de Rome par le Tyrol, arrivèrent à Munich presque en même temps que lui, et ce fut à la sortie d'un banquet qui leur avait été offert qu'ils furent atteints par la fameuse encyclique *Mirari vos,* du 15 août 1832, provoquée par les menaces de La Mennais, et où, sans qu'il y fût nommé, les nouvelles doctrines étaient pour la plupart condamnées (1).

Le coup était dur, mais salutaire. Les deux amis firent immédiatement leur soumission, une soumission réelle et sans réserve, et elle fut publiée aussitôt leur retour à Paris. Ils étaient vaincus, mais de cette défaite ils sortaient victorieux d'eux-mêmes et de l'erreur. C'est de celle-là surtout qu'il fait bon de dire avec Montaigne, « qu'il est des défaites triomphantes à l'égal d'une victoire. »

III

Devant cet écroulement subit, et en face du sombre désespoir de son maître, Lacordaire qui croyait à la bonne

(1) Montalembert, *Lacordaire.*

foi de La Mennais abandonna son dessein de voyage en Allemagne et voulut l'accompagner jusqu'en Bretagne pour essayer de peupler sa solitude et la mélancolie terne et sauvage de La Chesnaie, et aider à sa soumission s'il était encore possible.

L'humble domaine allait être témoin d'un de ces drames silencieux où se jouent les destinées des âmes. « La Chesnaie, a écrit depuis Lacordaire, avait repris son caractère accoutumé, mélange à la fois de solitude et d'animation; mais si les bois avaient leurs mêmes silences et leurs mêmes tempêtes, si le ciel de l'Armorique n'avait pas changé, il n'en était pas de même du cœur du maître. La blessure y était saignante et le glaive s'y retournait chaque jour par la main même de celui qui aurait dû l'arracher, et y mettre à la place le baume de Dieu. Des images terribles passaient et repassaient sur ce front déshérité de la paix ; des paroles entrecoupées et menaçantes sortaient de cette bouche qui avait exprimé l'onction de l'Evangile. Il me semblait quelquefois que je voyais Saül. Mais nul de nous n'avait la harpe de David pour calmer ces soudaines irruptions de l'Esprit mauvais. »

La Mennais rêvait la guerre générale, un bouleversement universel. Bref, il fut bientôt évident que la vie commune était devenue impossible. Le déchirement se faisait peu à peu, fibre à fibre, dont chacune saignait; enfin, au bout de trois mois, à la suite d'une scène pénible dont une réplique hautaine et grossière de La Mennais fut l'occasion, n'y pouvant plus tenir, Lacordaire prit son parti et, enfermé dans sa chambre, loin de tous les yeux, il écrivit à celui dont il était l'hôte, une lettre triste et digne, où, n'osant affronter un adieu, il lui annonçait son départ.

« Je quitte la Chesnaie ce soir, lui disait-il. Je la quitte par un motif d'honneur, ayant la conviction que désormais ma vie vous serait inutile, à cause de la différence de nos pensées sur l'Eglise et la société, différence qui n'a cessé de s'accroître tous les jours, malgré mes efforts sincères pour suivre le développement de vos opinions... Dès que je n'ai pu déraciner de mon être les idées qui nous séparent, il est juste que je mette un terme à une communauté de vie qui est tout à mon avantage et tout à votre charge. Ma conscience m'y oblige non moins que l'honneur, car il faut bien que je fasse quelque chose pour Dieu. » Et il terminait ainsi : « Jamais vous ne saurez qu'au ciel combien j'ai souffert depuis un an par la seule crainte de vous causer de la peine... quelque part que je sois, vous aurez des preuves du respect et de l'attachement que je vous conserverai toujours, et dont je vous prie d'agréer cette expression qui part d'un cœur déchiré. » La lettre est datée du 11 décembre 1832.

Cette séparation où la conscience parlait si haut et où la vérité l'emportait sur l'affection, ne fut que le prélude de celles qui finiront par enlever à M. de La Mennais jusqu'au dernier de ses disciples que fascinaient encore sa gloire et son génie.

L'attitude du jeune prêtre qui, à trente ans, avait montré une prudence si consommée, ne fut pas approuvée de tous, mais ne fut que trop vite justifiée. La Mennais mit un terme à tous les doutes que pouvaient encore laisser ses actes et ses protestations contradictoires, en publiant les *Paroles d'un croyant,* qui sont un long cri de révolte. Lacordaire y répondit par des *Considérations sur le système philosophique de M. de La Mennais*. Cet écrit n'a ni l'ampleur, ni la logique serrée que l'on trouve dans les discours du grand orateur. Il y est gêné par sa délicatesse et par son attachement pour le maître. Aussi n'y remarque-t-on ni une pensée, ni une expression trop dure pour le pauvre dévoyé. Pourtant, on y rencontre de magnifiques passages qui font pressentir le futur prédicateur de Notre-Dame. « O Rome, s'écrie-t-il, je t'ai vue assise au milieu des orages de l'Europe, et il n'y avait en toi aucun doute de toi-même ; ton regard tourné vers les quatre faces du monde, suivait avec une lucidité sublime le développement des affaires humaines dans leur liaison avec les affaires divines. O Rome, Dieu sait que je ne t'ai point méconnue pour n'avoir point rencontré des rois prosternés à tes portes ; j'ai baisé ta poussière avec une joie et un respect indicibles ; tu m'es apparue ce que tu es véritablement, la bienfaitrice du genre humain dans

Lacordaire à La Chesnaye.

le passé, l'espérance de son avenir, la seule grande chose aujourd'hui vivante en Europe, la captive d'une jalousie universelle, la Reine du monde!... O Rome, un de tes fils à qui tu as rendu la paix, de retour dans sa patrie a écrit ce livre. Il le dépose à tes pieds comme une preuve de sa reconnaissance, il le soumet à ton jugement comme une preuve de sa foi. »

De nouveau on ne manqua pas de dénoncer et de blâmer publiquement ce que l'on appelait l'agression de Lacordaire contre son maître. Le baron d'Eckstein, empruntant d'autres images, lui reprocha de « battre sa nourrice » et de « se donner la discipline sur le dos de son maître. »

— Monsieur, répondit Lacordaire à son ancien admirateur, « ma nourrice, » dans l'ordre spirituel, ce fut l'Église; « mon Père, » ce fut Jésus-Christ. Je les ai préférés à un homme. »

« Maintenant, dit-il en déposant la plume, j'ai accompli mon devoir tout entier... Et n'eussè-je fait que cela dans ma vie, je mourrais content. Ma conscience est à l'aise, je respire enfin... Après une oppression de dix ans! je commence à vivre! » (3 juin 1834.)

CHAPITRE VII

Vie de dévouement et d'étude.

Le choléra à Paris. — Aumônier de la Visitation. — Dissentiment avec Montalembert. — Mort de Madame Lacordaire. — Madame Swetchine. — Un premier sermon. — Conférences au collège Stanislas.

I

A son retour de Rome, l'abbé Lacordaire mena une vie modeste et cachée trois années durant. Un peu avant les évènements que nous venons de raconter, en avril 1832, une occasion de montrer son dévouement et son grand cœur se présenta. Pour la première fois, le choléra venait de faire à Paris une formidable invasion. Sur l'heure, sa résolution fut prise. Avec ce courage froid et calme qui l'a toujours distingué, il se donna corps et âme aux malades et aux moribonds.

Depuis la Révolution de juillet, le service de l'aumônerie était désorganisé dans les hôpitaux. Par une sotte prévention contre le clergé, et une cruauté diabolique vis-à-vis des âmes baptisées et demeurées chrétiennes, l'administration refusait les secours de l'archevêque de Paris ; les prêtres ne pouvaient se montrer en soutane dans les rues. Ce fut donc sous des vêtements laïques, et en se mêlant aux étudiants qui accompagnaient les visites des médecins, que Lacordaire pénétrait chaque jour dans un hôpital temporaire établi aux Greniers d'abondance. « Il n'y a là, écrivait-il à Montalembert, ni sœurs de charité, ni aumôniers, ni prêtres de la paroisse. On a bien voulu *tolérer* ma présence et celle de deux autres. »

Rien de navrant comme le tableau qu'il fait de l'état des malades et de l'incurie sauvage de l'administration pour les soins spirituels. « J'ai la moindre part au travail, et chaque jour je fais une petite récolte pour l'éternité. La plupart des malades ne se confessent pas, et le prêtre n'est là qu'un député de l'Eglise venant chercher timidement s'il n'y aurait pas quelque âme qui appartienne au troupeau... Çà et là un ou deux se confessent. D'autres sont mourants, sans oreilles et sans voix. Je pose la main sur leur front et je dis, en me confiant à la divine miséricorde, les paroles de l'absolution. Il est rare que je sorte sans éprouver quelque contentement d'être venu. Hier une femme venait d'être apportée, et elle avait à son chevet un militaire, son mari ; je m'approche, et comme je suis en laïque, le militaire me demande s'il n'y aurait pas un curé : *Moi, je le suis !* On est heureux de se trouver juste à point pour sauver une âme et faire plaisir à un homme. » (22 avril 1832.)

Le cœur se serre à lire ces détails; cette masse de peuple qui meurt sans espoir, sans sacrements, sans que l'idée de Dieu plane sur ce champ de carnage, quel triste spectacle! Les envoyés du Ciel sont là, prêts au labeur, et ils sont contraints de passer les bras croisés, le cœur débordant de tristesse et de pitié; on ne leur parle qu'à voix basse, tant est cruelle la tyrannie de l'homme sur l'homme, et stupide la peur de Dieu!

Vers la fin de cette même année, et après sa séparation d'avec La Mennais, Lacordaire reprit un rêve qui l'avait poursuivi pendant les moments les plus agités de sa vie. Il voulait se faire curé de campagne, dans quelque province éloignée, et il désignait, on ne sait pourquoi, la Franche-Comté. « Je veux m'ensevelir, disait-il, au fond d'une campagne, ne plus vivre que pour un petit troupeau d'hommes, trouver toute ma joie en Dieu et dans les champs. » Ainsi parla-t-il à Mgr de Quélen.

« — Mon fils, répondit l'archevêque, laissez-moi vous conduire. Dieu n'a pas dit son dernier mot sur vous. Pour le moment, je vais vous rendre à une vie solitaire de travail et d'étude. Retournez humblement auprès des Filles de Saint-François de Sales. Là vous attendrez votre heure. »

Il reprit donc le modeste logement qui lui avait été

assigné en 1827, sa mère revint demeurer avec lui et il rentra dans le silence dont il a dit qu'après la parole c'est la seconde puissance du monde. Il se retrouvait dans son humble chambrette, aussi seul qu'autrefois, ayant rompu tout à la fois avec ses anciennes et avec ses nouvelles relations, sans guide comme sans soutien, et de plus ayant perdu cette robuste confiance en lui-même qui l'animait trois années auparavant, lorsqu'il pensait à faire voile pour l'Amérique.

II

Cette période marque, au point de vue moral et matériel, l'époque la plus difficile de sa vie. Tout croulait autour de lui et il avait grand'peine à ramasser quelques restes de son énergie native. Mais son chagrin le plus dûr était le dissentiment survenu entre Montalembert et lui à l'occasion de la fuite de La Chesnaie. Par là, Lacordaire avait libéré son âme, mais celle de son ami était demeurée enchaînée. « C'était vainement, dit M. d'Haussonville, que de Dinan même, avant de prendre la route de Paris, il lui avait écrit pour l'informer du parti qu'il avait pris. Il eut bientôt la douleur de savoir que ce parti n'avait pas été approuvé par Montalembert, et que celui-ci s'était même exprimé, en termes assez durs, sur ce qu'il appelait sa désertion. » Alors s'engagea entre les deux amis (car Montalembert partit peu de temps après pour l'Allemagne) une correspondance admirable par l'ardeur que Lacordaire y déploie pour arracher l'âme qui lui était chère à une influence dont il mesurait mieux que lui le danger. Ces lettres sont d'une flamme incroyable; elles méritent d'être citées parmi les plus belles et les plus touchantes que l'amour d'une âme ait inspirées.

« Hélas! lui écrivait-il, quel démon s'est glissé entre nous et nous empêche de nous comprendre, nous deux qui nous comprenions si bien? S'est-il donc écoulé des siècles entre ce que nous étions et ce que nous sommes?... Tu ne devines ni l'immensité de ma douleur, ni celle de mon amitié. Hélas! qui ai-je aimé, si ce n'est toi? qu'est-ce que j'aime, si ce n'est toi? Sans toi et sans l'Eglise, que m'importerait tout ce qui arrive et tout ce qui arrivera? Ainsi des étrangers me comprennent, ils me rendent justice. Et toi? se peut-il que ma véritable pensée ne puisse arriver jusqu'à toi! Ma vie tout entière est à toi. Je serais heureux aujourd'hui si tu l'étais. C'est toi seul qui manques à mon bonheur. C'est toi que je cherche et que je demande à Dieu. Tu es moi-même; tu es mon ami, mon frère, ma sœur; je t'ai trop aimé pour pouvoir être heureux sans toi. »

Ce que Lacordaire voulait obtenir, c'était que Montalembert s'engageât, comme lui-même venait de le faire, par une lettre rendue publique, à suivre uniquement et absolument la doctrine exposée dans l'Encyclique, et à ne rien écrire ni approuver qui ne fût conforme à cette doctrine. Il voulait que cette correspondance fût envoyée directement par lui à Rome, et pour l'y déterminer lui adressait une lettre écrite en traits de feu, où il résumait les arguments déjà employés par lui, mais où il s'efforçait surtout de l'émouvoir par un appel désespéré à sa tendresse. « Tu sais si je t'aime, lui disait-il, tu sais si j'ai honte de rien quand il s'agit de toi... Charles, mon cher, mon doux ami, je t'en conjure encore une fois à genoux, dans le plus profond oubli de moi-même; je baise tes pieds, je les mouille de mes pleurs; je rassemble en une seule fois toutes mes caresses de trois ans, tous mes chagrins pour toi, toutes mes joies, toutes mes humiliations que je préfère à tout; je te tiens sur ma poitrine, enivré d'amitié et du désir de ton salut, et je t'ordonne de m'obéir. Si tu ne m'obéis pas, il faut qu'il y ait une grande malédiction sur ta tête. Adieu : je veux que tu m'écrives sur le champ, que tu écrives sur le champ au Saint-Père, et que tu m'envoies une copie de ta lettre. »

On comprend que, même après trente ans et plus écoulés, Montalembert ne pût relire ces lettres « sans une émotion que nul ne peut rendre » et qu'il se soit accusé de la trop longue résistance opposée à ces objurgations pathétiques. Il se rendit enfin, mais lentement, comme à regret, tant il était garotté par l'influence de cet homme sinistre. Lacordaire l'emporta en 1834, au mois de décembre. Montalembert se résolut à écrire la lettre sollicitée, la lutte avait duré trois ans (1).

III

Le 2 février 1836, une autre douleur venait atteindre le cœur si aimant de Lacordaire; sa mère mourait entre ses bras « au moment où elle semblait n'avoir plus qu'à jouir d'une longue et heureuse vieillesse. » Télèphe venait d'avoir de l'avancement, et Théodore d'être promu à un nouveau grade; leur avenir était assuré et elle n'avait plus qu'à recueillir le fruit de toutes ses peines. Dieu ne l'a pas voulu, et s'était réservé d'être lui-même sa récompense; il la rappela donc à Lui.

Mais la Providence avait préparé à son fils privilégié une autre mère qui, celle-là, ne devait le précéder dans la tombe que de peu d'années. C'était Madame *Swetchine*, une noble veuve, qui bientôt reconnut en lui un fils de prédilection, et concentra sur sa tête si jeune, mais déjà battue par l'orage, tout ce que son âme si haute et si droite renfermait d'ingénieuse sollicitude et d'intime tendresse.

Née à la fin du siècle dernier, en pleine corruption d'une cour russe, unie à un époux plus âgé qu'elle de vingt-cinq ans, élevée en dehors de toute pratique religieuse, mais attirée vers le christianisme, par la pureté de sa nature et une grâce supérieure, elle avait eu le courage de chercher par elle-même la vérité à travers une longue série de lectures et d'études théologiques : elle en était sortie catholique. Une prédilection natu-

(1) Voir, pour plus de détails, M. D'HAUSSONVILLE, pp. 78 à 81.

relle l'avait attirée dans notre pays à une époque où il s'en fallait qu'une mutuelle sympathie rapprochât les deux nations; elle y passa quarante années de sa vie. Elle s'était faite le centre d'une petite élite d'hommes de premier ordre, qu'elle avait su rassembler autour d'elle, Cuvier, Montalembert, le P. de Ravignan, Alexis de Tocqueville, etc... « C'était, dit M. d'Haussonville, une chrétienne accomplie, qui savait en même temps comprendre avec une exquise délicatesse les rapports de la foi avec les mœurs et les sentiments de la société où elle vivait.

Point belle, exilée, vieillie, c'est au charme de sa conversation qu'elle dut le succès de son salon. Elle a dit elle-même : « La politesse chez une maîtresse de maison consiste à alimenter la conversation et à ne s'en emparer jamais. » Elle sut cultiver cet art délicat et s'en servir pour fonder le premier salon chrétien de notre temps, véritable hôtel de Rambouillet, moins frivole, mais non moins influent que celui du grand siècle.

Lacordaire nous a conservé toute vive l'impression qu'elle produisit sur lui le jour où Montalembert le présenta : « J'abordais aux rivages de son âme, dit-il, comme une épave brisée par les flots, et je me rappelle encore après vingt-cinq ans, ce qu'elle mit de lumière et de force au service d'un jeune homme qui lui était inconnu. Ses conseils me soutinrent à la fois contre la défaillance et l'exaltation... Par quels sentiments fut-elle poussée à me donner son temps et ses conseils? Sans doute quelque sympathie l'y portait, mais, si je ne me trompe, elle fut soutenue par la pensée d'une mission qu'elle avait à remplir près de mon âme. Elle me voyait entouré d'écueils, conduit jusque-là par des aspirations solitaires, sans expérience du monde, sans autre boussole que la pureté de mes vues, et elle crut qu'en se faisant ma providence, elle répondrait à une volonté de Dieu. »

On ne pouvait marquer d'un trait plus juste la maternelle mission qu'assumait Madame Swetchine. Elle devint en effet, et demeura plus d'un quart de siècle, le guide, l'avocat, le médecin de cette existence agitée et contestée. Avec son esprit sûr, son tact de femme, sa connaissance des hommes et des choses, elle prévint de sa part des résolutions inconsidérées, des mouvements trop vifs, des démarches intempestives, retenant Lacordaire « par le pan de son habit, » comme elle dit elle-même, pour ralentir des écarts trop brusques, avec cet esprit de douce autorité et de suprême respect auquel elle sut toujours rester fidèle.

Rien ne troubla jamais l'union bénie de ces deux âmes, de cette mère et de ce fils, si dignes l'un de l'autre et si bien dépeints par cette parole de Lacordaire sur Madame Swetchine : « Je n'ai rencontré personne qui eût une liberté aussi hardie dans une foi aussi solide. »

« Voulez-vous voir la mère du prédicateur, disait-on un jour à deux personnes qui écoutaient Lacordaire avec une admiration manifeste.

— Mais elle est morte depuis dix ans !

— Non, la voilà, regardez-la bien. »

Et l'on montrait une femme, cachée derrière une colonne, dont la constante assiduité, la vigilante attention et l'évidente béatitude avaient donné lieu à cette touchante illusion. Cette femme, c'était Madame Swetchine, et elle s'était faite la conseillère plus qu'une amie, plus qu'une sœur, la protectrice et la mère de cet homme de génie. « Mon ami, lui dit-elle un jour, pourquoi me dites-vous toujours Madame, et en vedette ? N'ai-je pas mieux mérité de vous ? »

Et c'était vrai !

IV

Cependant l'heure de l'action allait sonner pour Lacordaire. Dans cette rue étroite et tortueuse du Quartier Latin, il s'était assez recueilli, se rassérénant et se fortifiant chaque jour dans le travail, la prière et la charité. L'aigle allait s'échapper de ce doux nid. Plusieurs fois on lui avait offert de prendre la direction de l'*Univers*, qui se formait alors. On lui avait offert même une chaire à l'Université de Louvain, rien n'avait pu avoir raison de cet amour pour sa solitude laborieuse et parfumée de piété. Pourtant le souci des grands intérêts sociaux ne le quittait point. L'instinct de l'avenir qui lui était réservé, se combinait dans son esprit avec le goût passionné du calme. « Parler et écrire, vivre solitaire et dans l'étude, voilà mon âme tout entière. »

Il était monté, au printemps de 1833, pour la première fois dans cette chaire de Saint-Roch qui devait entendre, dix-neuf ans plus tard, les derniers et foudroyants accents de sa voix à Paris. Et, à cette occasion, Madame Swetchine avait été prise des vagues terreurs qui saisissent les mères aux instants décisifs de la vie de leurs fils : « Jamais je ne pourrais m'asseoir aux pieds de sa chaire, avait-elle dit, je me sens d'avance incapable d'y maîtriser mon émotion maternelle. Le soir venu, seule, agitée, visiblement inquiète, elle attendait dans son salon. Les amis revinrent enfin, la tête basse. L'un d'eux, Armand de Melun, se décida à parler le premier : — Ce ne sera jamais un prédicateur, fit-il d'un air consterné; d'autres déclarèrent que l'abbé Lacordaire était évidemment un prêtre de mérite, mais qu'il n'avait pas le don de la parole sacrée... Le premier essai avait été un échec.

Lui-même le crut : « Il m'est évident, disait-il, que je n'ai ni assez de force physique, ni assez de flexibilité dans l'esprit, ni assez de compréhension du monde, où j'ai toujours vécu, et vivrai toujours solitaire, enfin rien de ce qu'il faut pour être un prédicateur dans la force du terme. Mais je puis un jour être appelé à une œuvre que réclame la jeunesse et qui lui soit uniquement consacrée. Si je puis utiliser ma parole pour l'Eglise, ce sera uniquement dans le genre apologétique, c'est-à-dire dans cette forme où l'on rassemble les beautés, les grandeurs de l'histoire et la polémique religieuse pour répandre le christianisme dans les esprits et y engendrer la foi. »

Dans ces quelques mots, Lacordaire trace admirablement le plan de toute sa vie, sa mission de porte-parole de la vérité, son influence merveilleuse sur son siècle et tout particulièrement sur la jeunesse. Ce que Chateaubriand avait été dans la littérature au sortir de la Révolution, le chantre des beautés et des sublimités du christianisme, Lacordaire le sera dans la chaire chrétienne, en découvrant avec son génie les horizons de la vérité catholique, et en forçant une philosophie trop longtemps dédaigneuse à compter avec elle.

Pour arriver là, il ira chercher, non pas cette foule jouisseuse et infatuée d'elle-même, qui, sans examen, regarde comme acquise la définitive victoire du vice et de la liberté sans limites contre la Raison éternelle et les droits imprescriptibles de Dieu, mais bien des âmes jeunes, enthousiastes du beau, des cœurs généreux et capables de tous les sacrifices.

Cette œuvre *uniquement consacrée à la jeunesse* se présenta bientôt. Il fut invité à faire des conférences pour les élèves du plus modeste des collèges de Paris, le collège Stanislas. Elles commencèrent le 19 janvier 1834, et dès la seconde, la chapelle ne put contenir la foule qui affluait du dehors. Bientôt on y remarqua Chateaubriand, Odilon Barrot, Lamartine, Victor Hugo, Berryer, et avec eux les hommes les plus éminents des Chambres, du barreau et de la presse. Il fallut construire une tribune; cinq ou six cents auditeurs s'y pressaient. « Déjà, dit Montalembert, on y trouve les caractères distinctifs de l'orateur de Notre-Dame : l'originalité saisissante, la passion pénétrante et sincère, l'impétueux élan de la parole et de la pensée, la tendresse, l'ironie. » Cependant, qu'on le croie bien, il ne lui a pas suffi de paraître pour vaincre. Si on aimait ses qualités natives, l'élégance, la spontanéité, l'accent personnel de sa langue neuve et toute moderne, l'autorité en chaire s'acquiert et se gagne plutôt qu'elle ne s'impose. L'incrédulité venait, séduite par la beauté de la forme, mais le fonds menaçait la conscience, imposait des devoirs, et plus d'une plaisanterie et d'un sourire protestèrent parfois sans assez se gêner. Aussi le jeune prédicateur dût-il un jour jeter à certains ricaneurs cette fière apostrophe : « Dieu vous a donné de l'esprit, Messieurs, beaucoup d'esprit, mais pour vous montrer qu'il n'a pas peur de l'esprit des hommes. »

Le retentissement fut considérable. Cette allure, non pas agressive mais vaillante, cette fougue dans la chaire de vérité, jusque-là si mesurée et si sage, parut imprudente à plus d'un auditeur. Lacordaire fut dénoncé à Rome, dénoncé auprès du Gouvernement, dénoncé surtout auprès de l'Archevêque de Paris, et il lui fallut suspendre ces conférences si goûtées par les âmes droites et larges, puis renoncer à les reprendre pendant l'hiver de 1834-1835.

Pourtant la brèche était ouverte, il y passera triomphalement.

On ne sut que plus tard d'où était venue l'opposition du jeune orateur. Sans doute des bonnes âmes avaient été dupes d'une prudence à courte vue, mais l'adversaire acharné, tout-puissant, bien que caché, c'était le Pouvoir. Soupçonneux, inquiet de ce cri d'admiration qui avait couru d'un bout de Paris à l'autre, le nouvel Hérode avait eu peur d'un enfant! Le croira-t-on? le ministre défendit ces conférences comme *entachées de libéralisme!!!* observation hypocrite et par trop grotesque de la part d'un gouvernement dont la liberté était le drapeau... L'archevêque se récria, défendit l'orateur. Mais le siège était fait; on lui répondit sèchement : Faites-le prêcher à Notre-Dame si bon vous semble; IL NE FAUT PAS QU'ON NOUS GATE LA JEUNESSE DES COLLÈGES!!!

Oh! Basile, où vas-tu te cacher?.....

CHAPITRE VIII

Les Conférences de Notre-Dame (1835-1836).

Conditions posées. — M. Affre. — Première impression. — La manière du nouveau Prédicateur. — Notre géant. — Retraite volontaire. — Raisons.

I

Faites-le prêcher à Notre-Dame... Ce fut un trait de lumière ; et encore une fois le salut était venu de l'ennemi. Ozanam, le chef de la jeunesse catholique, cette âme de feu dans un corps pâle et mourant, ne laissa pas tomber inutile cet appel évident de la Providence ; il alla trouver Mgr de Quélen et le supplia d'inviter l'abbé Lacordaire à prêcher le carême de 1835 dans l'église métropolitaine. Au même moment, la porte s'ouvrit, et La Mennais parut. Monseigneur courut à sa rencontre, l'embrassa, le prit par la main, et, se tournant vers les jeunes solliciteurs qui, avec leur chef, attendaient une réponse : « Voilà, Messieurs, l'homme qui vous conviendrait, si la faiblesse de sa voix lui permettait de se faire entendre ; il faudrait ouvrir les grandes portes pour laisser entrer la foule, et la cathédrale ne serait pas assez vaste pour contenir ceux qui accourraient autour de sa chaire.

« — Oh ! moi, maintenant, Monseigneur, répondit tristement La Mennais, ma carrière est finie ! »

Les étudiants se retirèrent après avoir remis à l'archevêque une sorte de programme des questions que la jeunesse désirait entendre traiter dans la chaire de Notre-Dame.

Bientôt, Paris intelligent et sérieux s'émut. On avait appris que le prédicateur de Stanislas allait paraître à Notre-Dame. Le charme de la parole de l'orateur, et, il faut le dire, le goût de l'opposition toujours si contagieux en France, firent de cette station un évènement littéraire et politique autant qu'une révolution religieuse. Les écoles descendaient en masses serrées de la montagne Sainte-Geneviève ; tout ce qu'il y avait dans Paris d'hommes distingués, d'artistes, de curieux, d'amateurs du beau, se joignit à cette jeunesse enthousiaste. Lacordaire eut ainsi la gloire d'aider à la réaction religieuse qui aboutit plus tard à la liberté d'enseignement, et de créer des phalanges d'hommes, transfigurés en apôtres, qui ont fait succéder à un indifférentisme glacial, cette résistance calme, raisonnée, inébranlable qui aboutira, espérons-le, au triomphe de la religion et de la vertu.

Mgr de Quélen n'avait mis qu'une condition, dictée d'ailleurs par la prudence, à son acceptation définitive, c'était que l'abbé Lacordaire livrerait préalablement à l'examen de ses supérieurs un plan et des cadres. Il se soumit sans difficulté; et, sur le rapport favorable de l'abbé Affre, il fut invité à monter dans la première chaire de France.

Ce fut, paraît-il, un étonnement général, presque un mouvement de stupeur parmi les rares fidèles de Notre-Dame, le jour de l'ouverture des conférences. Dès huit heures du matin, toutes les chaises étaient retenues, et les catholiques se trouvaient noyés dans l'affluence des curieux exotiques. Mais le scandale fut à son comble quand les excellentes dévotes, qui assistaient à la messe des chanoines, se virent impitoyablement refoulées dans les nefs inférieures pour laisser la place aux hommes. Et à quels hommes! Ils déployaient, pour charmer les loisirs de l'attente, qui les *Débats*, qui le *Constitutionnel* ou le *National;* et il en vint six mille!

A une heure précise après-midi, la croix archiépiscopale parut, précédant Mgr de Quélen. Accoutumé qu'il était à officier dans Notre-Dame vide, Monseigneur ne put contenir un mouvement de surprise, et peut-être d'effroi, en voyant « ces flots de peuple venir battre les murailles de son immense cathédrale, noyer la base des colonnes, se suspendre aux vastes galeries. »

L'humble surplis du jeune prêtre parut à son tour, dans

la chaire. Emu, mais ferme, le jeune orateur regarde. Il avait reconnu ses admirateurs et ses amis. Le silence s'était fait dans cet océan humain le plus beau et le plus vaste qui jamais, depuis saint Bernard, eût entouré une chaire chrétienne (1).

II

« Je commençai mon discours, a dit Lacordaire, l'œil fixé sur l'archevêque qui était pour moi, après Dieu, mais avant le public, le premier personnage de cette scène. Il m'écoutait, la tête un peu baissée, dans un état d'impassibilité absolue, comme un homme qui n'était pas simplement spectateur, ni juge, mais qui courait des risques personnels dans cette solennelle aventure. Quand j'eus pris pied dans mon sujet et mon auditoire, que ma poitrine se fut dilatée sous la nécessité de saisir une si vaste assemblée d'hommes, il m'échappa un de ces cris dont l'accent, lorsqu'il est sincère et profond, ne manque jamais d'émouvoir. L'archevêque tressaillit visiblement, une pâleur qui vint jusqu'à mes yeux couvrit son visage, il releva la tête et jeta sur moi un regard étonné. Je compris que la bataille était gagnée. »

Ce cri, dont parle Lacordaire, nous le connaissons. L'orateur sacré avait pris pour thèse la nécessité d'une Eglise enseignante, et pour premier principe que l'homme est un être enseigné. Arrivé là, il promena sur l'auditoire un de ces regards qui enveloppent et subjuguent : « Pourquoi ai-je pris la parole dans cette enceinte, s'écria-t-il ; si je jette les yeux autour de moi, je découvre des fronts de tous les âges, des cheveux qui ont blanchi dans les veilles de la science, des visages qui portent la trace de la fatigue des combats, des jeunes hommes enfin qui viennent de cueillir à peine la troisième fleur de la vie.

(1) Mgr Ricard. Chap. VIe.

Assemblee, assemblee, dites-moi, *que me demandez-vous? que voulez-vous de moi? La vérité!* Vous ne l'avez donc pas en vous, vous la cherchez donc, vous voulez la recevoir, et vous êtes venus ici pour être enseignés. »

Puis il continua en remontant à l'origine de chacun de nous : « Lorsque vous étiez enfant, vous aviez une mère ; ce fut sur son sein que vous reçûtes votre première éducation. Elle vous éclaira d'abord dans l'ordre des sensations en vous dirigeant continuellement dans vos rapports avec les objets extérieurs. De plus, par la transmission longue et laborieuse de la parole, elle ouvrit en vous la source de l'intelligence. Puis elle déposa au fond de votre âme un trésor plus précieux, celui de la conscience ; elle vous punit et vous récompensa selon vos actions, vous donna la mesure du juste et de l'injuste, et fit de vous un être moral. Elle vous initia encore aux mystères de la foi, et vous apprit à croire aux choses invisibles, dont les choses visibles ne sont que le reflet : elle fit de vous un être religieux. C'est ainsi que, dès l'aurore de votre vie, vous fûtes enseignés dans les quatre ordres qui constituent tout votre être : dans l'ordre des sensations, des idées, de la conscience et de la foi.

« Quand l'homme a passé l'âge du premier enseignement, il se range dès lors dans une de ces classes qui se partagent l'humanité : les hommes éclairés, et ceux qui ne le sont pas. Les hommes qui ne sont pas éclairés forment ce qu'on appelle le peuple, et le peuple absorbé dans sa pauvreté et son travail incessant, reste à jamais incapable de revenir sur son éducation première par ses études personnelles et ses réflexions propres... Il ne peut s'affranchir de l'enseignement qui lui a été donné, qu'en acceptant d'autres enseignements, dont il se croira peut-être le juge, mais dont il ne sera au fond que le serviteur. Aussi, quand vint au monde Jésus-Christ, le libérateur des intelligences, il disait de la mission que son Père lui avait confiée : *le Seigneur m'a envoyé pour évangéliser les pauvres.* Pourquoi les pauvres? sans doute parce qu'ils sont le plus grand nombre, et que, toutes les âmes étant égales devant Dieu, quand il les pèse dans la balance de l'éternelle justice, l'âme du peuple doit

Lacordaire à Notre-Dame.

l'emporter; mais aussi et bien davantage encore, parce que le peuple, dans son impuissance d'apprendre et de savoir, a besoin d'un maître qui le mette en possession de la vérité, par un enseignement sans frais et sans péril.

« S'il en est ainsi de l'homme enfant, s'il en est ainsi du peuple, il en est de même de la totalité du genre humain. » Et il conclue: « Ou la vérité n'est qu'un nom et l'homme n'est que le jouet misérable d'opinions qui se succèdent sans fin, ou bien il doit y avoir sur la terre une autorité divine, permanente, qui enseigne l'homme. »

Nous avons voulu donner tout au long ce passage pour faire juger la manière du Maître. On comprend que des accents si nouveaux dans la chaire chrétienne aient remué profondément la foule des auditeurs qui s'entassaient jusque dans le fond obscur des chapelles, pour entendre quelques éclats de sa voix.

Les quinze conférences fameuses qui remplirent les années 1835 et 1836, roulèrent sur la nécessité de l'Eglise enseignante et sur sa constitution, sur son autorité morale et infaillible, sur le chef de l'Eglise et sur les rapports de cette Epouse du Christ avec l'ordre temporel, enfin sur la doctrine de l'Eglise en général, et sur ses sources, sujet palpitant et tout actuel, aussi le succès fut-il immense.

III

« L'orateur et l'auditoire, a écrit Lacordaire, sont deux frères qui naissent et meurent le même jour. » L'auditoire de Notre-Dame fut bien le frère de Lacordaire, ou plutôt son enfant, car c'est lui qui l'a créé; et si, avec les tranformations de l'âge et du temps, il subsiste encore aujourd'hui, c'est qu'il a reçu de lui quelques étincelles d'une impérissable vie.

Ce fut d'abord la curiosité qui le rassembla, nous

l'avons dit; mais les curieux étaient devenus attentifs, et les indifférents respectueux. Ce concours d'auditeurs n'a jamais fait défaut à Lacordaire, et jusqu'à la fin de sa carrière de prédicateur, personne n'a eu au même degré le don d'attirer et de remuer les multitudes. C'est qu'aux enfants d'un siècle à la fois inquiet et orgueilleux, il avait du premier coup deviné le langage qu'il fallait parler... Il ne leur disait pas: « Mes Frères, » mais: « Messieurs. » Il leur parlait d'égal à égal, ou s'il s'élevait au-dessus d'eux, c'était comme homme et non pas comme prêtre. Imitant le noble orgueil de saint Paul: « Vous êtes Français, leur disait-il, je le suis comme vous; philosophes, je le suis comme vous; libres et fiers, je le suis plus que vous. »

Mais ce qui, après avoir étonné ses auditeurs, les avait conquis et enchaînés, c'est que ce siècle auquel ils étaient fiers d'appartenir, ce prêtre l'aimait autant qu'eux. Il célébrait déjà avec une précision singulière, les découvertes de la science qui devaient abréger les distances, supprimer l'espace, rendre de peuple à peuple les communications plus faciles. A ses yeux, toutes ces découvertes ne pouvaient avoir qu'un seul but, permettre à la vérité d'aller droit et vite (1). »

Cette foule ne se dispersait point aussitôt après le sermon. Elle s'attardait sur le péristyle, sur la place, à échanger l'expression de son enthousiasme, « ou bien, raconte un témoin oculaire, on se portait à la porte de la sacristie par laquelle il devait sortir, dans les rues par lesquelles il devait passer. » « Qu'il est beau! disaient les hommes. » « Qu'il est *bon!* murmuraient les femmes. »

Mgr de Quélen qui assistait à tous ses sermons fut transporté d'un triomphe qu'il avait été loin d'espérer; et, un jour, se levant de son siège archiépiscopal, devant cet immense auditoire, il décerna à son jeune protégé le titre de « *nouveau prophète.* » Prophète, il l'était en effet, et par la grandeur des vérités qu'il annonçait, et par la forme dont il revêtait ses pensées, et plus encore par les destinées nouvelles qu'il préparait à l'Eglise. Prophète,

(1) D'après M. d'Haussonville, p. 103.

il l'a été par l'ampleur de la doctrine, les vues profondes qu'il projetait sur l'avenir. Futur fils de saint Dominique, il inaugurait déjà l'esprit et les allures qu'il saura imprimer à son Ordre. « Ces conférences, a-t-il dit, n'appartiennent précisément ni à l'enseignement dogmatique, ni à la controverse pure; mélange de l'un et de l'autre ; de la parole qui instruit et de la parole qui discute, destinées à un pays où l'ignorance religieuse et la culture d'esprit vont d'un pas égal, et où l'erreur est plus hardie que savante et profonde, nous avons essayé de parler des choses divines dans une langue qui allât au cœur et à la situation de nos contemporains. De là, je présume, les sympathies qu'on nous a prodiguées et aussi les voix accusatrices qui nous ont poursuivi. Les unes nous ont traité comme un frère aventuré dans les régions de la foi, les autres comme un frère perdu dans les ressouvenirs du monde. Nous avons tâché d'être doux envers les uns comme envers les autres. »

Un mot résumera cette impression générale et marquera pour la postérité le talent et l'œuvre de cet homme extraordinaire. Lacordaire était descendu de chaire, et il se reposait dans la sacristie de Notre-Dame, quand Mgr de Quélen vint à lui et l'invita fort gracieusement à le suivre.

Ils montèrent tous deux dans la voiture archiépiscopale et le prélat donna l'ordre de le conduire au nº 71 de la rue Saint-Dominique. C'était l'adresse de Madame Swetchine. En entrant dans le salon de la « maternelle amie » du jeune conférencier, l'archevêque, tout radieux :

— Madame, dit-il, je vous amène *notre géant!*

IV

Cette appréciation répondait à celle de 1833 et tranchait la question si mélancoliquement traitée par les amis de Lacordaire après le discours de Saint-Roch. Non, il ne devait jamais être un prédicateur selon la formule, entrer dans un moule trop froid et trop étroit pour lui; homme nouveau formé pour des temps nouveaux, il brisera ce moule désapproprié à son talent et à sa méthode. Ne pouvant dans son impétuosité suivre la marche savante et compassée de Bourdaloue et de Massillon, d'un bond il s'élancera près de Bossuet, et aura l'honneur, sinon de l'égaler, assurément au moins de le suivre dans ses élans et d'imiter le coup d'aile de l'aigle (1).

A aucun moment de sa vie, Lacordaire ne fut peut-être environné d'une popularité pareille. La publicité, la gloire lui arrivaient ainsi pour la seconde fois et par des voies aussi régulières qu'éclatantes. Rien ne lui manquait de ce qui pouvait le satisfaire et l'enivrer, et il n'avait encore que trente-trois ans. Et, chose bien plus goûtée encore, le commerce des âmes se révélait à lui, commerce qui est la véritable félicité du prêtre digne de sa mission. Au pied de la chaire de Notre-Dame, il avait vu naître ces affections et ces reconnaissances qui attachent l'homme à l'apôtre par des liens dont la douceur est aussi divine que la force.

Mais voici que par une de ces merveilleuses intuitions dont il a eu plus que personne le secret, tout à coup il reconnaît que le recueillement, le travail, le silence, la solitude lui sont encore nécessaires. Il s'arrête au faîte de son triomphe et part pour Rome. Mesure souverainement sage! Quelque éclatant qu'ait été le succès de ses conférences de 1835-1836, parmi les hommes du monde, le vieux clergé ne pouvait se faire à cette prédication sans exemple, à cette façon insolite et presque laïque de traiter de la Religion dans la chaire chrétienne. Sans rien spécifier, sans attaquer directement aucune des propositions du prédicateur, on se récriait en termes généreux contre l'inexactitude théologique de son langage; on l'accusait surtout de parler des choses de la Religion dans un esprit trop moderne. L'étonnement, la jalousie, l'esprit de rivalité, hélas! eurent leur part dans ce concert de clameurs et de blâmes.

(1) M. Foisset. *Vie de Lacordaire.*

L'écho de cette opposition était venu jusqu'à l'orateur, et il avait compris de suite le parti à prendre. « Après deux années de Notre-Dame, a-t-il écrit, je compris que je n'étais pas assez mûr pour fournir la carrière d'un seul trait et que j'avais besoin de me recueillir pour achever dignement l'édifice commencé. Je demandai donc à l'archevêque la permission de me retirer et d'aller passer quelque temps à Rome. Est-il sage de rester toujours sous les yeux du public et des fidèles comme un problème? Peut-on acquérir une autorité vraie, l'autorité nécessaire au prêtre, lorsque des gens de bien se demandent si vous êtes ou non orthodoxe? Ne vaut-il pas mieux vivre dans la retraite, écrire au lieu de parler? »

Lacordaire fait ici allusion à un ouvrage d'apologétique qu'il méditait et qui aurait dû embrasser l'étude générale et complète de la Religion envisagée au point de vue des besoins de la société d'alors. « Nous manquons, disait-il à Madame Swetchine, d'un ouvrage qui expose toute la série de la doctrine catholique d'une manière conforme aux pensées de ce temps, c'est-à-dire capable, par de certaines apologies, de faire impression sur les âmes telles qu'elles sont. En cinq ou six années j'aurai achevé cet ouvrage et donné à ma réputation une base solide; rien ne m'empêcherait alors de remonter dans la chaire et de donner ma vie à toutes les œuvres qui se présenteraient. »

Tels étaient les rêves de Lacordaire en 1836; il mourra sans avoir réalisé ce projet d'ouvrage qu'il n'a jamais abandonné. Un séjour un peu prolongé dans la ville sainte était un moyen de se fortifier dans la science ecclésiastiqne et de donner un point d'appui à son apostolat ultérieur.

Cette première partie de son dessein était immédiatement réalisable; il partit donc. Mais la Providence l'appelait à Rome dans bien d'autres vues qui ne lui seront révélées que plus tard.

CHAPITRE IX

Vocation monastique.

Accueil nouveau à Rome. — Le livre de La Mennais : *Affaires de Rome*. — Lettre sur le Saint-Siège. — La nostalgie de la France et de la chaire. — Premières ouvertures de son projet. — Un appel à la France.

I

Il la revoyait donc cette ville dont tout prêtre animé de l'esprit de sa vocation porte l'image dans son cœur ; il la revoyait, mais combien différente pour lui ! Une première fois il y était venu l'âme troublée, torturée, en proie au doute, incertaine de sa voie, incertaine même de la vérité ; et un accueil froid lui avait appris que l'erreur pouvait bien l'avoir séduit. Il la revoyait aujourd'hui dans le calme, l'âme ouverte, après avoir donné à la vérité non seulement le gage d'une soumission absolue, mais la preuve de son courage et de sa vaillance. On l'avait accusé d'être secrètement attaché au système d'un homme qui s'était violemment séparé de l'unité catholique, il répondait en venant vivre et s'instruire à Rome, centre de l'unité, sous les yeux de Celui qui est le souverain juge des controverses. Il était venu d'instinct, comme un fils malheureux court à sa mère, comme le vaisseau fatigué cherche le port.

Bien vite il demanda une audience ; en le voyant entrer dans son cabinet, le Pape ouvrit ses deux bras et dit d'un air tout joyeux : « Ah ! *l'abbate Lacordaire !* » Le jeune prêtre se prosterna pour baiser les pieds du Vicaire de Jésus-Christ ; Grégoire XVI, lui prit la tête dans ses mains, la pressant avec effusion, et disant : « Je sais que l'Eglise catholique a fait en vous une belle acquisition. » Puis il le fit asseoir en face de lui, et se complut à rappeler les souvenirs du jour où il l'avait reçu en compagnie de deux autres collaborateurs à l'*Avenir :* « L'abbé La Mennais était là, dit-il, puis le comte de Montalembert, puis l'abbé Lacordaire, et ici le cardinal de Rohan, c'était une belle *chambrée.* » Et il désignait la place occupée par chacun d'eux. L'audience finie, le Pape l'accompagna de son bon sourire, lui fit de la main un signe paternel en répétant l'*addio* des Italiens.

Cette réception si cordiale du Pape valut à l'abbé Lacordaire le meilleur accueil des cardinaux et autres personnages éminents de la cour romaine.

Quand on sut en France que Grégoire XVI s'était montré si favorable à cet homme chez qui on avait dénoncé jusqu'à vingt-sept propositions prétendues erronées, on s'étonna. Mais le Pape, qui le savait bien, profita d'une autre circonstance pour accentuer son approbation. Dans une cérémonie publique, le jour de la Chandeleur, il avait donné ordre au maître des cérémonies de réserver un magnifique cierge. On se demandait à qui le Pontife le destinait. Au cours de la cérémonie, au moment où le jeune Français s'approchait, Grégoire s'interrompit, disant avec sa vivacité habituelle au cérémoniaire et désignant le cierge : *Presto per l'abbate Lacordaire.* Vite pour l'abbé Lacordaire !

Il eut la joie de recevoir la visite de Montalembert, et « ils vécurent ensemble, dit-il, paisibles, unis, et heureux sur le site de leurs anciennes divisions et de leurs anciens tourments. » Son ami le laissa au printemps de 1837, et Lacordaire pensait à son tour reprendre le chemin de la France ; mais le choléra vint à éclater avec une intensité terrible. Il resta donc et vint se mettre avec un dévouement admirable, à la disposition du cardinal-vicaire. La lettre par laquelle il annonçait sa résolution à Montalembert se terminait ainsi : « Si je meurs tu garderas ma mémoire. Il ne sera pas nécessaire de la défendre, elle sera trop peu de chose (11 août 1837). » Son séjour se prolongea ainsi au grand avantage de son âme et de ses résolutions intimes.

II

La correspondance de Lacordaire avec Madame Swetchine nous dit la paix dont il jouit et le ravissement de ce qu'il appelle « le repos du travail, » n'était un peu de tristesse en songeant à l'éloignement de ses amis.

Il visite les ruines, et sa pensée s'en va, gracieuse et tendre, vers sa maternelle amie : « Les ruines de Rome vous saluent, lui écrit-il, et moi je vous aime trop pour vous faire des compliments. »

Celle-ci lui répond : « Mettez à profit, sans en rien perdre, ce temps d'utile et gracieuse solitude... Tant que vous le pourrez, éloignez le bruit, les propos ; croyez qu'ils ne sont jamais sans inconvénient, même pour celui que le monde absout. » Et elle termine : « Adieu, mon cher ami, bénissez-moi et laissez-moi vous bénir. »

Parfois le fils, bien difficile à contenir, semble s'excuser du goût pour la liberté qu'il apporte dans tous ses actes. Madame Swetchine proteste : « Rien, dit-elle, dans la plus belle de toutes ses lettres, rien ne pourra jamais me séparer de vous, vous n'êtes pas plus libre par la nature de votre caractère, que je n'aurais voulu moi-même vous laisser libre... Pourvu que vous soyez à Dieu, à son Eglise, le « faites ce que vous voudrez » (de saint Augustin,) s'échappe de mon cœur avec une impétuosité qui vous garantit ma sincérité... Nous nous touchons, nous nous tenons par des pensées et des impressions bien autrement vivantes, et les parties de nous-mêmes qui se *débranchent* n'empêchent pas qu'une seule et même sève soit notre vie (1). »

Un incident malheureux vint troubler cette paix si douce et rappeler Lacordaire au combat. Un jour Madame Swetchine lui écrivit sous le coup d'une douleur

(1) D'après Mgr Ricard.

poignante. Cette femme généreuse, devenue la fille de l'Eglise catholique venait de lire un livre contre sa mère, et elle écrivait : « Ah ! mon cher ami, il n'y a qu'un ange et qu'un prêtre qui puissent tomber si bas. Satan lui-même n'aurait pas mieux inventé... » M. de La Mennais venait de publier un ignoble pamphlet intitulé : les *Affaires de Rome*. Averti par Montalembert, Lacordaire s'émut aussi vivement que son ami de cette publication. Leur premier mouvement à tous deux fut qu'ayant été les compagnons de M. de La Mennais dans son voyage à Rome en 1832, ayant été témoins de tout ce qui s'était dit et fait, ils ne pouvaient donner le poids de leur silence à un historique sinon mensonger de tout point, au moins présenté sous un jour qui rendait odieux le Saint-Siège ; et que, par conséquent, ils devaient protester par un désavœu public. En quinze jours la *Lettre sur le Saint-Siège* fut écrite par Lacordaire. Le manuscrit fut examiné en haut lieu et approuvé. « Quand ceci aura paru, disait Grégoire XVI en le montrant, l'auteur sera bien plus célèbre encore. »

Mais cet acte public allait être l'occasion d'une rupture à peu près complète avec Mgr de Quélen, et contribuer « à montrer au jeune prêtre, le but caché qui devait lui être révélé plus tard. » Sous l'impression de sa joie, il avait envoyé une copie de son travail à Paris. Mais les idées gallicanes n'avaient pas dit leur dernier mot. Il dut en différer la publication de peur d'effaroucher certaines susceptibilités. Lacordaire blessé écrivit à Mgr de Quélen plusieurs lettres, sur un ton d'égalité hautaine, dont il était impossible que celui-ci ne fût pas blessé à son tour. Ce conflit rendait presque impossible le retour de l'orateur à Paris, et il renonça, pour le moment, à remonter dans la chaire de Notre-Dame.

« Cette lettre avait pour but, dit Lacordaire lui-même, d'expliquer la conduite du Saint-Siège dans ces derniers temps, conduite aussi remarquable que les temps sont difficiles. Le Saint-Siège a un malheur qui lui est commun avec tous les grands hommes et toutes les grandes œuvres, c'est qu'il ne peut être jugé équitablement par le siècle où il agit ; et comme il est immortel, il vit insulté entre sa gloire passée et sa gloire future, semblable à Jésus-Christ crucifié au milieu des temps, entre le jour de la création et celui du jugement universel. »

On lit dans la préface ces lignes qu'on dirait écrites pour aujourd'hui : « On classe Rome dans un parti, elle qui est la mère commune de tous les peuples, et qui respecte toutes les formes de gouvernement qu'ils se donnent, ou que leur crée la force des choses ou des temps; et cette fausse accusation lui attire nécessairement des haines que mérite bien peu l'antique impartialité dont elle conserve fidèlement la tradition. Il suffit d'habiter Rome, avec un esprit droit et attentif, pour s'apercevoir tout de suite de la sphère élevée où elle respire, et combien les nuages de la terre, qui troublent ailleurs et partagent quelquefois les églises particulières elles-mêmes, passent loin à ses pieds. On sent qu'elle habite la Patrie universelle, l'asile de la défaite et de la victoire, le lieu unique au monde où la réconciliation est éternellement assise, tenant dans sa main les deux clefs qui ouvrent et qui ferment sans s'étonner d'être unies. »

On ne saurait ni mieux penser ni mieux dire. La *Lettre sur le Saint-Siège* resta dans les cartons jusqu'à ce que les sbires prussiens, saisissant à main armée l'archevêque de Cologne, le jetèrent dans une forteresse au fond d'une prison. Le Souverain Pontife protesta contre cette violence odieuse qui touchait à l'oint du Seigneur, dans l'exercice même de ses droits et de ses devoirs pastoraux. Lacordaire crut l'heure venue, et pensa que se taire serait une lâcheté. Il publia sa lettre, et les résistances archiépiscopales eurent honte d'elles-mêmes au milieu des applaudissements du monde et de l'Eglise.

Un rapprochement ne tarda pas à se produire entre Mgr de Quélen et lui. On lui offrait indirectement un canonicat à Notre-Dame, et par là même une position fixe et indépendante, avec le temps et les moyens de travailler; mais dans une retraite qu'il fit en mars 1837, dans la maison de Saint-Eusèbe, chez les Jésuites, il prit une résolution qui devait métamorphoser sa vie et la fixer définitivement.

IV

Pourtant la nostalgie de la France finit par le prendre. A Rome il se voyait isolé, et il s'y trouvait cruellement seul, parce qu'il lui manquait l'intimité, un des besoins les plus impérieux de son cœur. « J'ai trop eu la faiblesse d'aimer, écrivait-il, Dieu m'en punit par l'isolement. »

Il avait aussi la nostalgie de la chaire, cette autre patrie de son âme de prêtre. Il se refroidissait chaque jour davantage à l'endroit du livre qu'il avait prémédité. La perspective de s'enfermer dix ans dans la glace d'un cabinet pour y composer à loisir, révoltait ses instincts d'activité; « la première chose est d'avoir une vie », disait-il encore, laisserai-je passer le temps le plus propre à la parole dans un silence que ma conscience même me reprocherait ! » On lui proposait une chapellenie à Saint-Louis-des-Français, des conférences à faire à des étrangers. Mais ce n'était pas la patrie, ce n'était pas la France ! qui le comprendrait? et comment le comprendrait-on?

Sur ces entrefaites, l'un de ses anciens condisciples de Saint-Sulpice, M. Chalandon, futur archevêque d'Aix, et alors vicaire-général de Metz, arrivait dans la capitale du monde catholique. On causa, on se communiqua la pensée si neuve et si féconde de créer un vaste mouvement de conférences dans toute la France. La cathédrale de Metz, fut tout d'abord offerte, puis Lyon, puis Bordeaux, mais que faire seul, sans direction, sans aide? Qu'étaient-ce après tout que des conférences adressées, pendant un temps limité, dans une seule ville, à un public restreint? Quelle pouvait être leur action quand il s'agissait de ramener à l'Eglise catholique toute une nation ; car c'était à la France entière qu'il fallait parler.

Qui pouvait le faire ? Le clergé séculier était trop absorbé par les soins multiples du ministère paroissial, trop dépendant du pouvoir. Dans l'Eglise française d'autrefois une puissance n'avait jamais cessé de représenter la liberté. C'étaient les ordres monastiques. Sans doute la corruption avait gagné en partie ces Ordres, la Révolution les avait proscrits ; leur habit était devenu odieux ou ridicule. Mais ne serait-il pas possible de retrouver dans ces Ordres régénérés cette milice indépendante dont l'Eglise avait besoin pour engager la lutte sur tous les points, milice prête à tout oser parce qu'elle n'avait rien à risquer, libre de ses mouvements parce qu'elle n'aurait d'attache nulle part et ne relèverait que du Pape et de Dieu (1).

Il le pensa. Dom Guéranger était à Rome pour le rétablissement des Bénédictins, Lacordaire rétablira les Dominicains ! Ne portent-ils pas le nom des Frères-Prêcheurs. C'est sur l'instrument puissant de la parole qu'il comptait en effet pour restaurer l'influence de l'Eglise. Le jour où un Dominicain rentrerait en France avec son froc blanc et son manteau noir, ce serait un défi, mais Lacordaire reculait-il donc devant les actes qui forcent l'attention ! il n'avait pas seulement du courage, il avait de l'audace... D'ailleurs si le défi n'était pas relevé c'était une victoire, et une nouvelle armée acquise au profit de la religion.

Sa résolution fut donc prise en ce sens, et pour en informer ses amis, puis la France, il partit pour la mission de Metz.

Il reparaissait donc dans la chaire avec tout l'éclat, toute la conviction, toute la puissance de sa jeune parole. Sa voix s'était fortifiée, il était maître de lui-même, et l'auditoire le savait en communication certaine de pensée et de doctrine avec Rome. Les trois cinquièmes au moins des assistants portaient l'épaulette ; et le concours était tel que les élèves de l'Université durent solliciter des places réservées en face du prédicateur. Quatre mois durant Metz fut sous le charme et dans l'enthousiasme. Le jour de Pâques une députation vint offrir, au nom de l'élite de la cité, une chapelle de grande beauté à l'orateur. Il emporta mieux que cela, le mérite de conversions sérieuses, notamment du général de Margueri, la fondation de l'œuvre de Saint-Vincent-de-Paul et la réconciliation du célèbre abbé Bautain avec l'évêque de Strasbourg et Rome.

Mgr de Quélen obtint du grand prédicateur qu'il se

(1) D'après M. d'Haussonville, loc. cit.

montrerait encore une fois à Notre-Dame avant de retourner en Italie. Néanmoins il garda son secret, sauf pour les intimes. Montalembert et Madame Swetchine reçurent ses confidences. Tous ses amis furent stupéfaits de sa résolution, mais se firent un devoir de la respecter. Mgr de Quélen fut le plus froid. « Ces choses-là, dit-il, sont dans la main de Dieu, mais sa volonté ne s'est point manifestée. »

Rome comprit mieux ses desseins ; le Saint-Père l'approuva, le maître-général des Frères-Prêcheurs, qui ne songeait qu'à la réforme de son Ordre, lui ouvrit ses bras comme à un envoyé du Ciel, et promit sur le champ, aux futurs Dominicains français, le couvent de Sainte-Sabine où saint Dominique avait résidé, pour y faire leur noviciat, seuls et sans mélange, sous un religieux d'origine belge, sous-prieur du couvent de la Minerve.

Tout allait donc pour le mieux et le réformateur futur crut pouvoir lancer dans l'*Univers* ces simples mots, gros d'espérances et d'allégresse, le 11 septembre 1853 : « M. l'abbé Lacordaire est en ce moment à Rome. Il s'y occupe du rétablissement de l'Ordre de Saint-Dominique en France, pensée qui était déjà depuis longtemps la sienne... Il se propose de revenir incessamment en France pour y réunir quelques hommes d'une foi profonde et généreuse, et retourner avec eux à Rome, où ils feront une année de noviciat dans le couvent de Sainte-Sabine, au mont Aventin, qui est mis entièrement à leur disposition. »

Une longue rumeur accueillit cette communication dans les milieux catholiques. A Rome on la trouva inopportune et prématurée dans sa forme affirmative, et la France entière la commenta en sens divers. Quant au nouveau religieux, lui-même, il avoue que cette résolution lui fut plus dure que ne lui avaient été ses premiers vœux. « Le sacrifice fut sanglant, a-t-il écrit, tandis qu'il ne m'en avait rien coûté de quitter le monde pour le sacerdoce, il m'en coûta tout d'ajouter au sacerdoce le poids de la vie religieuse. Toutefois, dans le second comme dans le premier, une fois mon consentement donné, je n'eus ni faiblesse, ni repentir, je marchai courageusement au devant des épreuves qui m'attendaient. »

CHAPITRE X

Restauration en France de l'Ordre des Frères-Prêcheurs

Les premiers disciples. — Noviciat. — Mémoire pour le rétablissement en France des Frères-Prêcheurs. — La *Quercia*. — Vie du Novice dominicain. — Vie de saint Dominique. — Prolongement du noviciat. — Premier sermon en froc dominicain. — Mort de Réquédat. — Sermon sur la vocation de la nation française.

I

Son premier disciple de France fut Réquédat, jeune homme de bonne famille de Nantes, qui n'avait eu jusqu'ici qu'une passion, l'amour de la France. C'était une belle et suave figure que celle-là, placée par Dieu, dit un auteur, à l'aurore de l'œuvre comme ces anges aux ailes étendues qu'on sculpte au fronton des églises pour en garder l'entrée. Pur comme un ange, ardent comme une flamme, il se jeta dans les bras de Lacordaire et s'offrit à lui sans réserve comme sans condition.

Il avait un ami, Piel, un architecte de talent, lui aussi fils de Nantes, et comme lui épris d'idéal. En le quittant Réquédat lui dit : « A un an, Frère Piel. Je vous attends comme novice. » Et en effet un an après Piel avait brisé son avenir humain pour courir auprès de son ami et mourir comme lui sur la terre d'Italie. Sublime holocauste de deux âmes choisies offertes à Dieu comme les prémices et la dîme des nouveaux Prêcheurs français.

Le troisième, Hernsheim, juif converti, professeur de philosophie, passionnément épris des principes thomistes, vivra et mourra parmi les premiers Fils de Lacordaire, s'estimant « une de ces pierres obscures que la main de l'architecte cache dans les profondeurs du sol, et qui, tout inconnue qu'elle est, a cependant sa part dans la solidité de l'édifice. » Le quatrième, l'abbé Jandel supérieur du petit-séminaire de Pont-à-Mousson, qui devait mourir maître-général de l'Ordre. Le cinquième, Hyacinthe Besson, âme d'artiste, peintre de mérite qui fut, selon la comparaison de Lacordaire « la miniature d'Angelico de Fiésole » et par son talent et par sa pureté.

Les dominicains italiens étaient sous le charme, et quand, selon l'usage, le prieur présenta ces nouveaux frères au Chapitre, au lieu de procéder au scrutin à la manière ordinaire, il proposa de les accueillir à *la française*, par acclamation.

Le Ciel semblait applaudir, lui aussi, et traduire, sous une poétique image, le sourire du patriarche saint Dominique à sa jeune postérité. On montre dans le jardin du couvent de Sainte-Sabine, entre les pavés de briques, un vieux tronc d'oranger, planté, dit-on, par saint Dominique lui-même. « Pendant notre séjour, dit le P. Lacordaire, il poussa du pied une jeune et forte tige qui donna bientôt des fleurs et des fruits. On remarqua ce phénomène comme une sorte de présage d'un rajeunissement de l'Ordre et *de l'esprit du saint Patriarche* (1). »

Le 9 avril 1839 les Français recevaient l'habit de saint Dominique au couvent de la Minerve, et le lendemain ils partaient pour le couvent de la Quercia, près de Viterbe, où ils devaient passer l'année de leur noviciat. Le cardinal Sala, revenant sur la première décision du maître-général, l'avait ainsi réglé.

Entre temps le nouveau Restaurateur avait lancé dans la publicité un document célèbre qui est comme l'ordre du jour du nouvel Ordre réclamant sa place au soleil, au nom de la liberté. Le *Mémoire pour le rétablissement en France des Frères-Prêcheurs* produisit une émotion profonde dans les couches les plus diverses de la société française. Mélange curieux et grandiose d'humilité et de fierté, de déférence envers les droits des autres et de confiance en son droit, et, au demeurant, peut-être ce qui est sorti de plus parfait de la plume du grand écrivain.

(1) Cité par Mgr Ricard, d'après la Notice.

Lacordaire et le Curé d'Ars.

« Mon Pays, disait-il, pendant que vous poursuivez avec joie et douleur la formation de la société moderne, un de vos enfants nouveaux, chrétien par la foi, prêtre par l'onction traditionnelle de l'Eglise catholique vient réclamer de vous sa part dans les libertés que vous avez conquises et que lui-même a payées. Je vous prie de lire le *Mémoire* que je vous adresse ici, et, connaissant ses vœux, ses droits, son cœur même, de lui accorder la protection que vous accorderez toujours à ce qui est utile et sincère.

« Quoi, s'écrie-t-il dans un mouvement magnifique, quand nous, ami passionné de ce siècle, né au plus profond de ses entrailles, nous lui avons demandé la liberté de ne croire à rien, il nous l'a permis; quand nous lui avons demandé la liberté d'aspirer à toutes les charges et à tous les honneurs, il nous l'a permis; quand nous lui avons demandé de quoi vivre avec toutes nos aises, il l'a trouvé bon. Mais aujourd'hui que nous lui demandons la liberté de suivre les inspirations de notre foi, de ne plus prétendre à rien, de vivre pauvrement avec quelques amis, touchés des mêmes désirs que nous, aujourd'hui nous nous sentons arrêtés tout court, mis au ban de je ne sais combien de lois, et l'Europe presque entière se réunirait pour nous accabler s'il le fallait! »

Cette manière d'aller droit au but, de réclamer fièrement la liberté de bien faire, ne manquait ni de noblesse ni d'habileté; et cet appel à la loyauté d'une nation chevaleresque était fait pour impressionner. Puis il ajoutait: « Vous pouvez, ô mon pays, trouver de meilleurs serviteurs, mais non de plus dévoués. »

On l'avait menacé des lois de sa patrie, il eut foi en elle. « *Je m'adresse,* disait-il, *à une autorité qui est la reine du monde, qui, de temps immémorial, a proscrit des lois, et fait d'autres, et dont les arrêts, meconnus un jour, finissent toujours par s'exécuter*. C'est à l'opinion publique que je demande protection, et je la lui demande contre elle-même s'il en est besoin... Je crois faire acte de bon citoyen autant que de bon catholique, en rétablissant en France les Frères-Prêcheurs. Si mon pays le souffre, il ne sera pas dix années peut-être avant d'avoir à s'en louer. S'il ne le veut pas, nous irons nous établir à ses frontières et nous y attendrons patiemment le jour de Dieu et de la France... »

On le voit, c'est Dieu qui frappe à la porte du pays, Dieu qui apporte, avec la gloire de la parole sacrée, la lumière et le salut qui y sont attachés. Cette manœuvre aussi loyale que hardie eut en France un succès inouï ; et, tandis que les humbles novices se recueillaient dans l'ombre du cloître, leurs noms couraient dans la foule et la trouée de la vaillance se faisait avec l'aide du Ciel.

II

Veut-on connaître en quelques mots ce qu'est cette solitude, quelle vie on y mène, et surtout l'impression produite par elle sur le Frère Lacordaire, jusqu'ici perdu dans le mouvement et l'activité, écoutons :

La Quercia, 16 avril 1839.

Mon cher ami, voici bien longtemps que nous ne savons plus rien l'un de l'autre. Tout est bien avancé pour moi. Je t'écris d'une cellule, avec l'habit de saint Dominique sur le corps, que, Dieu aidant, je ne quitterai plus. J'en ai été revêtu il y a huit jours, à Rome... et le lendemain nous sommes partis pour Viterbe, ville de l'Etat ecclésiastique, à quinze lieues de Rome environ, qui possède deux couvents de notre ordre, l'un appelé *Gradi,* où saint Dominique lui-même a habité, l'autre appelé la *Quercia,* c'est-à-dire la *Chesnaie.* Ce nom lui vient d'une forêt de chênes parmi lesquels l'un d'eux est devenu sacré, à cause d'une image de la Sainte Vierge qui fut trouvée autrefois entre ses branches..... C'est là que je vais passer une année avec mes compagnons qui sont maintenant mes frères. Le site est merveilleux, nous nous y plaisons beaucoup, et nous sommes déjà habitués à notre nouvelle vie qui n'a rien de fort rude. »

« .... Dans la soirée le provincial nous a conduits à la *Quercia,* et nous a intimé le commencement de notre noviciat, dans un petit discours, en présence de toute la communauté. Après quoi chacun de nous est entré dans sa cellule. Il faisait froid, le vent avait tourné au nord, et nous n'avions qu'un habit d'été dans une chambre sans feu ; nous ne connaissions plus personne ; tout le prestige, tout le bruit s'était évanoui ; l'amitié nous suivait de loin sans nous presser plus; nous étions seuls avec Dieu en présence d'une vie dont la pratique nous était encore inconnue. Le soir nous allâmes à matines, puis au réfectoire, et enfin nous coucher. Le lendemain le froid était plus vif encore et nous ne comprenions qu'à demi la suite de nos exercices. J'eus un moment de faiblesse ; je tournai les yeux sur tout ce que j'avais quitté, cette vie facile, ces avantages certains, des amis tendrement aimés, des journées si pleines de conversations utiles, les foyers chauds, les mille joies d'une vie comblée par Dieu de tant de bonheur extérieur et intérieur. C'était payer cher l'orgueil d'une forte action que de perdre tout cela pour toujours.... »

Admirable étude de psychologie faite par l'âme d'un saint, sur elle-même! La résolution même enthousiaste n'exclue pas le sacrifice, pas plus que la volonté énergique de se donner n'exclue l'analyse d'une nature qui se sent mourir. Il est bon de le toucher du doigt, pour nous apprendre ce que valent les âmes héroïques. Il continue : « Je m'humiliai devant Dieu et lui demandai la force dont j'avais besoin. Dès la fin de la première journée je sentis qu'il m'avait exaucé, et depuis trois jours les consolations ont été croissant dans mon âme, avec la douceur d'une mer qui caresse les grèves en les couvrant. »

Suit le détail d'une vie de novice dominicain, heureux mélange de contemplation et d'activité, de mortification corporelle et de jouissances intellectuelles et morales : à cinq heures un quart lever; un quart d'heure après psalmodie de prime, messe. Avant midi récitation de tierce, sexte et none. A midi dîner. Tous les repas sont maigres, sauf une dispense particulière, et tous les vendredis jeûne. Du 15 septembre jusqu'à Pâques, jeûne continu sans dispense. Après le dîner récréation en commun ou une sieste en chambre. Vers trois heures vêpres et complies; les complies sont chantées. De quatre heures à huit temps libre, promenade même au dehors au gré de chacun. A huit heures psalmodie des matines et des laudes; à à neuf heures moins le quart souper suivi d'une conversation dans la chambre commune et le coucher à dix heures.

III

Une autre lettre écrite à madame Swetchine nous initie à l'emploi de ses temps libres et nous fait connaître la date exacte de la composition de la *Vie de saint Dominique*. Elle est du 16 août 1839. « Je vous dirai en confidence que j'écris une Vie de saint Dominique qui pourra paraître à notre retour. Il est essentiel de relever cette figure, et mon Mémoire embrassait trop de choses pour être suffisant sous ce rapport. Chaque jour je consacre quelques heures à ce travail dont les principales difficultés sont déjà surmontées. Ce sera une seconde bataille. »

Bataille gagnée si j'en crois deux personnages bien différents d'ailleurs. « C'est immense comme beauté, disait Chateaubriand après l'avoir lue ; je ne connais pas un plus beau style. » Et madame Swetchine : « Ce n'est pas seulement un chef-d'œuvre, c'est un miracle parce qu'il est destiné à en faire. »

De nos jours l'enthousiasme a baissé quelque peu, et pourtant M. d'Haussonville l'appelle une œuvre « écrite avec chaleur et mouvement, dans une langue forte et imagée. » L'actualité ajoutait alors quelque chose à son mérite et nous devons reconnaître que ce livre fit une révolution non seulement dans l'hagiographie, qui sortait enfin des fastidieuses et sèches Vies des Saints inspirées par l'école janséniste, mais encore dans la littérature, dans la philosophie chrétienne, et jusque dans l'ordre social et politique où il relevait des erreurs séculaires et faisait ressortir la douce et vaillante figure d'un saint calomnié.

Le terme de son noviciat approchait. On lui avait proposé d'en abréger de six mois la durée, mais il refusa, voulant à la fois obéir aux Constitutions qui demandaient un an, et se former sérieusement et complètement à sa nouvelle vie. Pour lui l'habit dominicain n'était pas un décor, c'était la livrée d'une existence nouvelle, vouée aux durs travaux de la pénitence et du dévouement. Celui qu'on avait appelé le *fougueux tribun* avait disparu, et à son tour il puisait de l'eau, balayait les corridors, entretenait les lampes, remplissait avec joie et entrain tous les emplois dont on le chargeait, et ne parlait jamais de lui.

Cependant il trouvait qu'ils étaient en bien petit nombre pour s'en aller fonder quelque maison en France; puis, il éprouvait le besoin de se pénétrer davantage des traditions scientifiques de l'Ordre. En conséquence, il demanda et obtint de passer trois années à Rome, au cœur même de l'Ordre, pour y suivre, avec d'autres recrues qui s'annonçaient, le cours de théologie de la Minerve. On décida que les Français se fixeraient pour ces trois ans à Sainte-Sabine, selon le plan primitif, et en effet, le 12 avril 1840, jour des Rameaux, Lacordaire et Requédat prononcèrent leurs vœux solennels à la Quercia devant une copie de la Madone miraculeuse peinte par le Fr. Besson, et le 15 mai, six Français entraient au couvent de Sainte-Sabine, suivant la précieuse image de la Madone. Le 16 au matin, Lacordaire célébra la messe dans la cellule même de saint Dominique et fit un petit discours à la communauté naissante. L'espoir de la régénération religieuse de la France était là en partie. Mais, hélas! tout ce bonheur devait bientôt recevoir une secousse terrible, et l'épreuve allait réclamer sa part dans ces joies matinales.

IV

La première fois que Lacordaire parut en chaire sous l'habit de saint Dominique, ce fut à Rome, le jour de Pâques 1840. La foule était considérable. Il avait pris pour texte: *Ayez confiance, j'ai vaincu le monde*. Et dans une péroraison émue, il montra « la résurrection de Jésus-Christ image et gage de la résurrection de l'Eglise, et notamment de son triomphe en notre siècle sur le protestantisme qui meurt d'inanition et sur le rationalisme qui n'a pu rien fonder, pas même une doctrine. » Ce fut l'entretien et la passion de Rome pendant plus de quinze jours; mais parce que dans l'auditoire se trouvaient des conseillers d'ambassade, hommes de toute croyance et de tous systèmes, il fut taxé d'imprudence, et eut plus tard à s'en repentir. C'était sa première peine.

Une seconde suivit bientôt. Requédat, son premier disciple, s'en allait mourant de la poitrine, et au matin du 2 septembre remonta vers son Dieu. Ce fut une peine immense pour toute la communauté. Piel le vit s'éteindre dans ses bras, mais son héroïsme fut vaincu quand il fallut se séparer du corps de son ami; il se jeta sur lui, le couvrit de baisers et se sauva en poussant un grand cri. Lacordaire fut lui aussi inconsolable, et plusieurs mois après, lorsqu'il disait la messe pour l'âme de « ce premier ami qu'il perdait, et le plus nécessaire, » des larmes coulaient encore le long de ses joues et tombaient dans le calice sacré. Que l'on ose répéter encore que les religieux n'ont point de cœur!...

On ensevelit le saint jeune homme dans l'église même de Sainte-Sabine.

Mais il y avait longtemps que la pensée de reparaître en France sous le costume de saint Dominique occupait l'esprit de Lacordaire, car enfin il n'avait pris cet habit que pour le rapporter à sa Patrie. « Vous me verrez en chaire sous l'habit blanc et noir, » écrivait-il à une amie dès les premiers mois de son noviciat. Aussi Mgr de

Quélen lui ayant fait des compliments sur son *Memoire en faveur du rétablissement des Frères-Prêcheurs*, il en profita pour lui demander s'il consentirait à le laisser monter dans la chaire de Notre-Dame.

L'archevêque étant mort sur ces entrefaites, Mgr Affre lui succéda. Lacordaire lui écrivit pour renouveler sa demande, et le nouveau prélat n'hésita point à y accéder. Il partit donc, et traversa le Dauphiné, le Lyonnais, la Bourgogne avec ce froc oublié que nul Français n'avait vu depuis cinquante ans. Par précaution, il avait pris soin d'emporter une vieille soutane pour s'en revêtir en cas de nécessité pressante. Il éveilla partout la curiosité, mais non la haine. On voulait voir ce revenant de l'Inquisition, ce moine blanc qui faisait tant parler de lui! Au bout de quelques jours sa conviction fut faite, et rencontrant un pauvre prêtre espagnol en guenilles, il lui donna sa vieille soutane. Les difficultés s'aplanissaient à son approche. On avait bien répandu le bruit que le gouvernement était hostile. A peine fut-il à Paris que le garde des sceaux, M. Martin, du Nord, l'invita à dîner. L'archevêque était là, et aussi un ancien ministre de Charles X qui, se penchant avec ironie, put dire à son voisin que si dix ans auparavant il en avait fait autant, le lendemain la chancellerie eut été en feu.

Il parut dans la chaire de Notre-Dame le 14 février 1841 sous prétexte de prononcer un sermon en faveur des Conférences de Saint-Vincent-de-Paul, devant un auditoire de dix mille personnes, parmi lesquelles on se montrait MM. de Chateaubriand, Molé, Guizot, Berryer, de Lamartine et bon nombre de députés. Pendant une heure et demie il tint cette foule haletante sous le feu de son regard et la séduction de sa parole. Que les temps étaient changés! Le plus grand nombre de ses auditeurs se souvenaient d'avoir vu, dans cette chaire, un jeune prêtre, à la chevelure abondante et bouclée, aux grands yeux ardents, éclairant un visage pâle mais plutôt plein; et, sous le même nom, ils voyaient un moine à la tête rasée, ceinte seulement d'une couronne de cheveux, aux traits émaciés, mais aux yeux encore agrandis (1).

(1) D'Haussonville, page 122.

V

Le sujet qu'il avait choisi était la *Vocation de la Nation française*, voulant, ainsi qu'il l'a dit lui-même, couvrir de la popularité de l'idée l'audace de la tentative. « C'est Dieu qui a fait les peuples, et qui leur a partagé la terre, dit-il en commençant. C'est aussi lui qui a fondé au milieu d'eux une société universelle et indivisible ; c'est lui qui a fait la France et qui a fondé l'Eglise. De telle sorte que nous appartenons tous à deux cités, que nous sommes soumis à deux puissances, et que nous avons deux patries : la cité éternelle et la cité terrestre, la patrie du sang et la patrie de la foi. Et ces deux patries ne sont pas ennemies l'une de l'autre ; bien loin de là : elles fraternisent, elles sont unies comme l'âme et le corps fraternisent..... » Il faut lire ces pages magnifiques, on ne les abrège pas. Après avoir raconté les gestes de Dieu accomplis par les Francs, il s'arrêta : « Je suis long peut-être, Messieurs, mais c'est votre faute, c'est votre histoire que je raconte ; vous me pardonnerez si je vous ai fait boire jusqu'à la lie ce calice de gloire. »

Il reprit son sujet : Comme il avait dit les gloires, il dit les chutes humiliantes et les apostasies lamentables. Il raconta comment, au dernier siècle, la France avait trahi son histoire et sa mission. « Jusque-là, s'écria-t-il, quand on attaquait la religion, on l'attaquait comme une chose sérieuse ; le XVIIIe siècle l'attaqua par le rire. Le rire passa des philosophes aux gens de cour, des académies dans le salon ; il atteignit les marches du trône ; on le vit sur les lèvres du prêtre ; il prit place au sanctuaire de la famille entre la mère et les enfants. Et de quoi donc, grand Dieu, de quoi riaient-ils tous ? Ils riaient de Jésus-Christ, et de l'Evangile ! et c'était la France ! »

L'orateur s'arrêta, et interrogeant son auditoire : « Que fera Dieu ? demanda-t-il. La France avait trahi son histoire et sa mission; Dieu pouvait la laisser périr, comme tant d'autres peuples déchus, par leur faute; il ne le voulut point; il résolut de la sauver par une expiation aussi magnifique que le crime avait été grand. La royauté était avilie: Dieu lui rendit sa majesté, il la releva sur l'échafaud. La noblesse était avilie: Dieu lui rendit sa dignité, il la releva dans l'exil. Le clergé était avili: Dieu lui rendit le respect et l'admiration des peuples, et le releva dans la spoliation, la misère et la mort. La fortune militaire de la France était avilie: Dieu lui rendit la gloire, il la releva sur les champs de bataille. La papauté avait été abaissée aux yeux des peuples: Dieu lui rendit sa divine auréole et la releva par la France. Un jour, les portes de cette basilique s'ouvrirent, un soldat parut sur le seuil, entouré de généraux et suivi de vingt victoires. Où va-t-il? Il entre, il traverse lentement cette nef, il monte devant le sanctuaire; le voilà devant l'autel. Qu'y vient-il faire? lui, l'enfant d'une génération qui a ri du Christ. Il vient se prosterner devant le Vicaire du Christ, et lui demander de bénir ses mains, afin que le sceptre n'y soit pas trop pesant à côté de l'épée. Il vient courber sa tête militaire devant le vieillard du Vatican, et confesser à tous que la gloire ne suffit pas, sans la religion, pour sacrer un empereur. » Enfin, après une énumération hardie et brillante des relèvements opérés depuis que le Vicaire de Jésus-Christ avait rouvert Notre-Dame, et des espérances de l'avenir, il arrive à la pensée principale et au but de tout le discours: « et aujourd'hui même, devant cette foule qui m'écoute et ne s'en étonne pas, apparaît, sans audace et sans crainte, le froc séculaire de saint Dominique!.... »

Ce fut un triomphe sans égal. Ce drame palpitant d'une lutte avec l'inconnu, cette hardiesse loyale soutenue par un magnifique talent, tout fit de cette apparition en chaire de l'habit proscrit une victoire dont la France n'a point encore perdu le souvenir. La cause était gagnée au tribunal de l'opinion, et l'Ordre de Saint-Dominique voyait la route s'ouvrir large devant lui.

CHAPITRE XI

Prédications et premières Fondations dominicaines en France

Saint Clément à Rome. — Grave épreuve. — Mort du Frère Piel. — Station à Bordeaux. — Au couvent de Bosco. — Station de Nancy. — Double succès. — Station à Grenoble, Chalais. — Visite à Ars.

I

Lacordaire repartit pour Rome avec cinq nouveaux frères ; mais il ne devait pas rentrer à Sainte-Sabine. Des circonstances favorables, ménagées par la Providence, mirent à sa disposition l'église de Saint-Clément, érigée sur l'emplacement même de la maison du sénateur Flavius Clemens, de la famille de Vespasien, et dépositaire du corps de saint Clément, troisième successeur de saint Pierre, de celui de saint Ignace d'Antioche et de beaucoup d'autres reliques de premier ordre. C'était de plus un des sanctuaires de Rome les plus chers à ceux qui ont le culte de l'art et de l'antiquité chrétienne.

A tous ces titres l'opération paraissait exceptionnellement avantageuse. L'église fut achetée et restaurée avec une furie toute française par Piel redevenu architecte.

Là le rénovateur de l'Ordre était chez lui, tandis qu'à Sainte-Sabine il appartenait à la province de Rome. Le supérieur général approuvait cet établissement exclusivement français, et déjà Lacordaire y commençait une retraite pour ses novices, lorsqu'un ordre pontifical vint briser tous ces projets, disperser les novices en deux groupes au dehors de Rome pour la raison très évidente, disait-on, qu'il ne pouvait y avoir de noviciat français pour une province française qui n'existait pas. On apprit plus tard, par les papiers laissés par Lacordaire à sa mort, que cette mesure rigoureuse avait été prise sous le coup de l'intervention de la cour de Vienne.

Le saint Religieux ne dit rien, baissa la tête et bénit la Providence qui, au milieu de son épreuve, lui rendait la liberté de retourner plus facilement en France.

Chose curieuse, et qui fait bien voir combien les passions humaines sont habiles à trouver des prétextes pour entraver le bien, au moment où la curie romaine sous la pression de dénonciations étrangères, enlevait à Lacordaire la direction de ses novices comme entaché de rébellion contre l'autorité civile ou religieuse, à Paris, un député, membre de la cour suprême du royaume, M. Isambert, le dénonçait comme la contre-révolution incarnée et comme réactionnaire entiché et réfractaire à toute idée de progrès. Bien plus, sur le bruit persistant d'une prochaine station à Bordeaux, les dix députés de la région vinrent se présenter à la chancellerie pour déclarer au garde des sceaux que si le gouvernement n'empêchait pas l'intrusion de l'Ordre dominicain dans leur département, ils interpelleraient le ministre dans la prochaine session. Ainsi la nation était en péril parce qu'un moine vêtu de blanc paraissait en France, et ce moine n'était ni un suppôt de Satan, ni un Anglais, pas même un Huron, mais l'abbé Lacordaire acclamé hier en soutane noire comme un libéral, un homme des temps modernes, le commensal des ministres!

Pendant ce temps le P. Lacordaire retiré à la Minerve, avait repris ses habitudes de travail et de retraite. « Le passage de l'activité à la contemplation, de la vie de famille à la solitude, écrivait-il, me sont moins pénibles qu'à tout autre, grâce à l'habitude que j'ai depuis longtemps de cette alternative; sans cette flexibilité il y a lontemps que je serais mort. » D'intelligence supérieure et de cœur si fraternel, entouré d'amis, il déborde, il est heureux et tout à eux, mais aussitôt qu'il est seul il rentre dans les grandes pensées qui l'absorbent et le dominent désormais tout entier. Il y a là une preuve de force de caractère peu commune.

« Mon temps est partagé, dit-il encore, entre saint Thomas et la préparation de mes conférences. »

En effet, il n'avait pas un instant perdu de vue le but de sa vie : évangéliser les peuples et s'imposer à leur esprit par de fortes études.

Il partit pour la France au mois de septembre, mais en passant par les couvents de la Quercia et de Bosco où les deux fractions de son troupeau avaient reçu un accueil chaleureux. A la Quercia tout allait bien : le P. Jandel prenait de l'ascendant sur les autres religieux. Mais à Bosco, hélas ! une seconde victime de l'holocauste allait s'éteindre. Piel avait offert sa vie pour l'œuvre ; son sacrifice avait été accepté et il allait mourir du mal qui avait emporté Requédat. Il fit profession le 30 novembre et le 19 décembre 1841, il s'en allait joyeux rejoindre son ami. Il fut enseveli dans les caveaux du couvent en attendant que plus tard sa dépouille allât s'étendre près de celle de son Requédat bien-aimé dans le couvent français de Flavigny.

II

Cependant malgré les Isambert et les fortes têtes de la libre pensée bordelaise, la robe blanche du dominicain reparut en France ; mais où le Restaurateur allait-il planter sa tente ? A Paris ou en province ? car enfin la tourmente allait cesser, et le Pape lui avait affirmé toute sa bienveillance. La lumière ne s'était pas faite encore dans son esprit ; il se contenta de tendre la main à la Providence comme l'enfant de l'obéissance. Bordeaux l'appelait, il y fut.

Quatre mois durant, du 28 novembre 1841 au 28 mars 1842, il prêcha dans cette ville « la plus sensible à sa parole qu'il ait trouvée après Paris. » Jamais station ne fut préparée avec tant d'enthousiasme. La cour royale tout entière, l'état-major des deux régiments de la garnison, l'académie, le conseil municipal, toutes les autorités réclamaient des places réservées. On dut élever deux immenses tribunes le long de la nef pour la tripler. Par déférence pour les réclamations ridicules des dix députés, le ministre crut devoir entrer en pourparlers avec l'archevêque. Un moyen terme fut adopté pour la première instruction, le Père dut couvrir son froc d'un rochet; mais le succès fut si complet que le second dimanche toute concession fut secouée, et le prédicateur parut en chaire dans toute la sévérité du costume de son ordre. Le respect dû au lieu saint empêcha seul les battements de mains de l'auditoire. Lacordaire venait d'arborer ce qui plaît toujours en France, c'est-à-dire une bonne et saine liberté. Plus de cinq mille personnes étrangères pour la plupart à toute pratique religieuse, étonnées de se rencontrer autour d'une chaire, subirent avec délices la flamme de cette incomparable éloquence. Bordeaux ne savait parler d'autre chose; et Lacordaire aimait à répéter depuis que cette cité resplendissait dans son souvenir comme l'étoile du matin de sa prédication dominicaine.

Un repas d'honneur fut offert dans les locaux du collège royal au prédicateur qui fut placé à la droite du recteur de l'académie. Et à cette occasion le P. Lacordaire dut se demander s'il convenait d'accepter désormais ces invitations. Madame Swetchine lui avait dit souvent que son goût de la solitude lui était un malheur parce qu'en le voyant on perdait beaucoup des préventions que l'on avait contre lui et son ordre. Et en effet, à l'exemple de Jésus-Christ qui condescendit à manger à la table du publicain et à celle du pharisien, au risque d'être blâmé, le saint religieux consentit à accepter et de fait, il attribuait plus tard bon nombre de ses succès autant à ses relations privées qu'à ses apparitions en chaire. « Il n'était pas aisé, nous assure M. Foisset, de résister au charme de la conversation du Père ; on n'avait jamais vu plus de distinction naturelle et plus de bonne grâce unies à plus de simplicité, un tact plus sûr, une dignité sacerdotale plus vigilante, et plus naturellement, plus intimement, plus invulnérablement imposante (1). »

(1) *Vie du P. Lacordaire*, t. II, p. 17.

C'est à Bordeaux que le P. Lacordaire fit la connaissance de M. Auguste Nicolas qui travaillait en secret depuis deux ans à une apologie de la religion. Il encouragea l'avocat chrétien à la faire paraître le plus tôt possible, et il a sa part dans le succès des dix-neuf éditions si rapidement écoulées des *Etudes philosophiques sur le christianisme*.

Il partit pour Tours le 11 avril, et y prononça un magnifique discours sur le triomphe de la Religion et de la foi en faveur d'une œuvre de bienfaisance ; quelques jours après il était à Paris, où il fut bien accueilli par toutes les les opinions ; mais il s'aperçut bientôt, à la fermentation de ce centre des partis, des intrigues et des préventions politiques et philosophiques, qu'il fallait donner le temps à la réaction de s'user dans l'inertie. Il pria Mgr Affre de lui permettre de décliner provisoirement l'honneur de prêcher l'Avent de 1842 dans l'église métropolitaine et repassa les Alpes à la fin d'avril.

III

Il arriva malade au couvent de Bosco, en Piémont, et jamais, a-t-il dit gaiement, « il n'eut autant l'honneur de ressembler à un mort. » Il fut remis bien vite au sein de cette joie et du repos du cœur. Ses religieux de la Quercia qui avaient fini leur noviciat, prononcèrent leurs vœux le 15 mai, sauf le frère Hersheim, déjà malade, et ils vinrent rejoindre leurs frères à Bosco. Ainsi, « les épines et les ronces, » s'entrelaçaient dans sa vie.

Il demeura six mois à Bosco, et volontiers il y eût passé le reste de son existence, tant il goûtait de volupté à se replonger dans les œuvres de saint Thomas. Il travaillait au jardin avec les novices, charriait la terre, et, par des travaux manuels, faisait diversion à des études toujours absorbantes. Son extrême simplicité le fit prendre plus d'une fois par des étrangers pour un simple étudiant, et son affabilité charmante faisait l'édification de toute la communauté. La gloire venait le relancer dans sa thébaïde sans qu'il lui donnât un regard. Toute nourriture lui était bonne, déjà il s'essayait et il essayait ses frères aux austérités qu'il se proposait d'introduire dans son Ordre lors de son établissement définitif en France. « Je ne regrette ici qu'une chose, écrivait-il, l'absence d'une sève et d'une sévérité qui nous sont nécessaires à nous autres Français. Quand nous nous faisons moines, c'est avec l'intention de l'être jusqu'au cou. »

On l'attendait pour l'hiver à Nancy, il partit donc de Bosco en novembre 1842 et s'y rendit directement sans aller à Paris. Madame Swetchine, à qui il avait annoncé sa résolution, lui en avait fait un reproche affectueux, mais il était désormais religieux lié à la pauvreté, et tout entier à l'obéissance. Tout ce qui lui était simple amusement ou goût humain lui semblait une rapine faite à Dieu et au devoir. « Je suis mendiant, répondit-il gaiement, je vis, moi et les miens, d'aumônes, et par conséquent je ne puis rien faire uniquement pour mes affections et mon plaisir, mais par nécessité. Ma conscience et l'opinion exigent que je sois au couvent avec mes frères tout le temps que je ne serai point employé aux fonctions apostoliques ; le couvent et la chaire, voilà les deux lieux où l'œil de mes amis et de mes ennemis doit me trouver. »

Nancy était un tout autre terrain que Bordeaux : les imaginations y sont plus froides, les démonstrations plus mesurées, pourtant l'effet sérieux et pratique ne fut pas moindre. Ouverte le 27 novembre 1842, la station dura cinq mois. Tout le clergé donna comme un seul homme, et, bien que le Père ne prêchât que le dimanche, il y avait jusqu'à cent prêtres dans l'auditoire. Le prédicateur devint si populaire qu'il fit accepter à ce peuple l'éloge de l'évêque qu'il avait chassé.

On offrit au P. Lacordaire une bibliothèque ecclésiastique de neuf mille volumes ; mieux encore, un gentilhomme converti, M. de Saint-Beaussant, acheta et meubla une maison pour son Ordre, et, le 4 juin 1843, le jour de la Pentecôte, les Dominicains, le P. Jandel en

tête, en prenaient possession au nom de l'Ordre. « Le frère Requédat me donna la première âme de l'édifice, a dit le P. Lacordaire, le frère de Saint-Beaussant m'en donna la première pierre. » En effet, ce généreux et noble bienfaiteur ne se borna pas à cette libéralité assurément très méritoire, mais toute matérielle, il se donna lui-même à l'Ordre et y mourut en 1852, au collège d'Oullins.

L'hôtel de la rue Sainte-Anne, situé derrière la cathédrale, fut à l'instant divisé en cellules. Lacordaire choisit la plus noire et la plus humide, mais elle était tenue avec tant de soin par lui-même qu'elle devint l'image parfaite de l'ordre et de la régularité.

La province l'entendait, l'acclamait, à l'envi de Paris. Il avait même un faible pour elle. « Je suis plus tranquille en province, disait-il, j'y fais plus de bien. »

A la suite d'un carême à Grenoble, il fut amené à faire l'achat d'un vieux monastère en ruines, situé dans un repli méridional des Alpes Dauphinoises. Bâti par les Bénédictins à l'époque où saint Bruno choisissait le site le plus sauvage de ces mêmes montagnes pour y installer ses enfants, le couvent de Chalais fut cédé, deux siècles plus tard, aux religieux de la Grande-Chartreuse, puis vendu comme bien national au moment de la Révolution. Le Mardi-Saint, 2 avril 1844, trois Dominicains y arrivaient de Bosco avec le P. Lacordaire, sans meubles, sans ustensiles de ménage, sans richesse aucune que leur foi et leur bréviaire. On passa la nuit sur un peu de paille, après s'être réchauffé à un grand feu de bois, et le lendemain on inaugurait la vie monastique sur ce plateau inondé de soleil et comme perdu, semblable à un nid d'aigle, sur ces hauteurs inconnues du monde. C'est à Chalais que sera transporté le noviciat de Bosco et que s'épanouira, au sein de cette solitude bénie de Dieu, la vie dominicaine dans toute sa sévérité et sa suavité.

A la suite d'un carême prêché à Lyon en 1845, on parviendra à fonder un journal catholique, on créera une Conférence de Saint-Vincent de Paul aux cris répétés de : Vive Lacordaire ! vivent les Dominicains !

IV

C'est de là aussi qu'il partira pour aller visiter une merveille, rare toujours, mais plus rare de nos jours, je veux dire un saint! Lacordaire était un homme de génie, il aimait la science, mais il est quelque chose qu'il estimait davantage, c'est l'héroïsme de la vie chrétienne, et il résolut de mettre son œuvre sous la protection d'un simple curé de campagne. Il y avait en effet non loin de la ville, à quelques kilomètres de Villefranche, un pèlerinage déjà célèbre à un saint vivant. L'abbé Viannay, sans lettres, sans étude, sans influence quelconque venant de la terre, attirait au loin les âmes qui cherchent les contacts divins.

Nous avons de cette entrevue célèbre et touchante le récit d'un témoin oculaire, M. de la Perrière, qui accompagnait le Père.

« Dans les premiers jours de mai 1845, un modeste char emportait à Ars le P. Lacordaire. Il y arriva le soir, un samedi. Le jour suivant, à cinq heures du matin, le Père pénétrait dans la sacristie à peu près à l'improviste. Le saint curé qui y arrivait au même instant témoigna la plus vive satisfaction à la vue de ce visiteur inattendu. Il l'embrassa avec effusion, lui pressa les mains à plusieurs reprises, le remercia avec un indicible sourire de bonheur. Il lui demanda s'il voudrait bien prêcher aux vêpres. Le Père opposa une résistance bien résolue et fit valoir son désir d'être à Ars le plus oublié des pèlerins. Le curé, sans abandonner son désir, s'abstint d'insister.

« Le Père dit une messe basse au maître-autel avec ce respect, cette tendresse mesurée et l'attitude soumise d'une grande âme profondément pénétrée. Le saint curé célébra ensuite, et les spectateurs de cette scène grandiose ne surent de quelle messe ils avaient reçu le plus d'édification. Le saint curé semblait sous une impression générale d'amour de Dieu, il y avait de la tendresse expansive dans sa manière d'être. Le Père paraissait plus préoccupé des grandeurs de la vérité et plus dominé par l'infinie splendeur de Dieu. L'un penchait vers une sublime familiarité avec Notre-Seigneur Jésus-Christ, l'autre était prosterné plus profondément en présence du Verbe éternel, lumière du monde. »

Le P. Lacordaire écouta ensuite avec une respectueuse attention le prône du bon curé, et il l'entendit annoncer à ses paroissiens, comme une chose sûre, qu'aux vêpres quelqu'un parlerait mieux que lui. Lacordaire se le tint pour dit, et, docile comme un enfant, se résigna à chanter les vêpres et même à prêcher. Il dit qu'étant venu visiter M. Viannay par respect filial il se reprochait d'occuper sa place, puis il parla de l'amour de Dieu pour son Eglise. Le saint curé prêtait une attention dévorante et attendrie. Il était beau de voir ces deux grands serviteurs de Dieu s'efforçant, l'un d'effacer son génie, l'autre de cacher sa sainteté.

Après les vêpres, le Père recueilli et la tête baissée, suivit le saint curé au presbytère ; une longue entrevue seul à seul eut lieu. Le grand rénovateur de l'Ordre des Dominicains en sortit tout joyeux et suavement dilaté. Il avoua plus tard qu'il y avait reçu des gages positifs de grandes espérances.

L'heure de la séparation venue, M. Viannay, contre son habitude, accompagna son hôte illustre jusqu'à la sortie du village, et, avant de le quitter, se jeta à ses genoux pour obtenir une bénédiction. Mais le saint fut vaincu par l'humilité du religieux. La différence d'âge était un prétexte tout trouvé ; Lacordaire en profita, et, courbant le front devant le vieillard rayonnant des splendeurs de la grâce, il reçut avec respect et vénération une de ces bénédictions dont on conserve le souvenir comme un parfum et une effusion de grâce. Puis ces deux hommes s'embrassèrent avec une tendre charité, et se quittèrent pour ne plus se revoir qu'au Ciel.

CHAPITRE XII

Conférences de Notre-Dame (1843-1851)

Sort des catholiques en France. — Intervention de Louis-Philippe. — Peinture de l'orateur. — La liberté d'enseignement et la liberté d'association. — Le P. de Ravignan. — Les *vertus réservées*. — Extraits.

I

Depuis la Révolution, pour beaucoup d'hommes qui se proclament ses fils et se croient peut-être libéraux, la liberté de conscience, décrétée par eux, n'est que la liberté de se passer de toute religion positive et la défense absolue d'enseigner autre chose qu'une doctrine négative ; et ils ne reviennent pas de leur étonnement, quelques-uns même d'une sorte d'indignation, lorsqu'ils entendent les catholiques réclamer résolument leur part du droit commun, relever leur tête de citoyen et prétendre être traités à l'égal de leurs compatriotes.

Les catholiques! mais de quel front prétendent-ils profiter de la Révolution faite en dépit d'eux, faite contre eux, contre leur Eglise, contre leurs couvents, contre leur liberté religieuse? Que le protestant, que le juif se présentent ; on les acclame comme des alliés, pour eux sont les sourires et les faveurs. Mais les catholiques, « c'est l'ennemi, » et on a entendu sortir de la bouche d'un représentant du peuple cette parole brutale : « On ne vous doit, à vous, que l'expulsion ! »

C'est contre ce préjugé à la fois injuste et ridicule que se heurta le P. Lacordaire lorsqu'il dut remonter dans la chaire de Notre-Dame. Ce fut une véritable bataille. Le roi Louis-Philippe essaya de lui barrer le passage, et parce qu'il ne voulait pas prendre, aux yeux du public, l'odieux d'une pareille mesure, il fit venir Mgr Affre et s'efforça de l'effrayer. Mais l'archevêque n'était pas un timide, et il tint bon. « Le P. Lacordaire est un bon prêtre, il appartient à mon diocèse, il a prêché avec honneur. C'est moi qui l'ai appelé et qui lui ai donné ma parole publique. Je ne pourrais maintenant la lui retirer sans me déshonorer. » Telle fut sa réponse. La reine vint à la rescousse, joignant ses conseils et ses prières aux menaces du Roi.

« — Sire, répondit avec calme l'archevêque, s'il existe un danger réel, le ministre m'adressera une ordonnance et défendra la réunion de Notre-Dame. »

Or c'est précisément ce que l'on n'osait faire. Le P. Lacordaire prêchera donc... mais comment? En froc blanc, sous la livrée d'un inquisiteur? Là, paraît-il, était la mine qui devait faire sauter la société. On députa Madame Swetchine et on la supplia d'écrire une lettre pour obtenir cette concession : qu'il consentît à dépouiller son costume de Dominicain et à paraître en habit de prêtre séculier. La main de la pauvre amie tremblait en demandant cette diplomatique lâcheté. Lacordaire y répondit par une fière lettre qu'il faudrait citer tout entière tant elle respire l'accent de l'honneur et du bon sens.

« J'ai porté cet habit dans les chaires de Paris, de Bordeaux, de Nancy, j'ai traversé la France dix fois sous ce costume : je lui ai obtenu partout le respect ; je l'ai gardé malgré les poursuites officielles du ministère ; c'est un fait acquis. Et à qui le sacrifierai-je aujourd'hui? aux clameurs de la presse irréligieuse, aux craintes du Gouvernement, aux esprits irrités contre nous par trois mois d'une guerre implacable! J'irais donner dans Notre-Dame, à nos ennemis, le spectacle d'un religieux qui a peur après avoir affiché le courage, qui se cache après s'être montré, qui demande grâce et merci en considération de son déguisement volontaire? Cela n'est pas possible. Plus la situation est grave, plus les catholiques attendent de ma parole une éclatante revanche, moins je dois leur préparer une douloureuse surprise. Il vaut mieux cent fois se taire que de trahir leurs espérances.

La religion n'a pas besoin de triompher; elle peut se passer de ma parole à Notre-Dame. Dieu est là pour la soutenir et l'honorer dans l'opprobre; mais elle a besoin que ses enfants ne l'humilient pas eux-mêmes et ne déshonorent pas ses épreuves... Sachons mettre le devoir et la dignité avant tout... »

C'était irréfutable. Le moine courageux reparut donc à Notre-Dame sous cette robe blanche qui rappelait à la vieille Métropole sa jeunesse du treizième siècle. Mais par une habile, bien qu'assez bizarre combinaison, elle était couverte du rochet et d'un camail de chanoine.

II

Le 3 décembre 1843, il inaugura cette station qui ne devait point s'interrompre jusqu'en 1851. Il y prononça soixante et treize conférences, auxquelles il faut ajouter les six données à Toulouse, en 1854, si l'on veut connaître l'ensemble de son œuvre apologétique; car les autres discours et sermons prononcés par lui, soit à Paris soit ailleurs, avaient un tout autre caractère et relevaient plutôt du genre pastoral.

Le vieux roi s'était trompé; il n'y eut pas d'émeute, et selon sa promesse, dès sa troisième phrase, Lacordaire « s'était fait dans le cœur de tout ce monde un asile sacré. » Ces conférences exclusivement dogmatiques sont une apologie complète du christianisme. Le plan en est nouveau et original. L'auteur part du grand fait historique de l'existence de l'Eglise, et arrive, en remontant toujours des faits aux causes, aux problèmes les plus élevés de l'existence et des attributs de Dieu.

La première conférence n'a point été recueillie. Au jugement de l'orateur, elle fut faible. C'était comme le préliminaire d'un traité de paix. Dès qu'on le vit, il se fit un grand silence. On assure qu'il débuta ainsi : « Après la bataille d'Arbelles, Darius, roi de Perse... On le voit par ce début, si Victor Hugo avait brisé le moule de la tragédie, Lacordaire brisa le moule du sermon officiel. L'auditoire, que la curiosité seule suffisait à tenir immobile, était bientôt séduit, et l'audace même portait coup. Le Gouvernement respira. Pour s'éviter le ridicule de la peur, il lui eût suffi de montrer son intention bien arrêtée de garantir à tous la liberté du bien.

Nous avons sur l'effet produit un témoignage tout à fait contemporain et compétent, celui de M. l'abbé Marcel. « Le P. Lacordaire est d'une taille médiocre et d'une constitution qui paraît frêle, mais qui ne l'est pas; son organisation toute nerveuse semble avoir été préparée pour l'aider à penser et à sentir. Son cœur doit enserrer beaucoup d'amour et de douleur; sa figure qui porte les touchants stigmates de la macération corporelle, porte ceux aussi de la pensée qui l'anime et qui l'use, du sentiment qui le meut et qui le consume; malgré le voile de modestie qui les couvre, ses yeux noirs laissent échapper des éclairs, mais la lumière qui en jaillit est aussi douce que pénétrante; le réseau nerveux de sa figure fléchit si facilement sous les impressions de son âme, que celle-ci y peint à chaque moment tout ce qu'elle éprouve. Il en résulte une succession continuelle de physionomies diverses pour chaque pensée, pour chaque sentiment. Dans la discussion, son geste est vif, ardent et pressé, mais toujours gracieux, naturel et harmonieux; il s'unit admirablement aux traits spirituels de sa figure qui pétille, scintille, étincelle. Dans les expositions il est simple, facile, tranquille, il laisse venir de son cœur et couler de ses lèvres la vérité toute claire; lorsqu'il emploie le pathétique qu'il fait naître d'un mot, quand il veut, que se passe-t-il dans cette belle âme qui se révèle sous des formes si radieuses, et qui s'épanche à la fois par tous les canaux de l'expression humaine : par la voix qui fait vibrer les plus secrètes fibres du cœur, par la parole qui rend ce qu'on croyait indicible, par le geste qui peint les plus belles attitudes de la statuaire, par le regard qui vous jette des flammes dans le cœur. »

Ce portrait en pied du plus grand orateur des temps modernes serait incomplet si, à l'éloge, l'auteur avisé et bon observateur n'ajoutait la critique : « Au reste, continue-t-il, ajoutons que sa puissance de fascination va trop loin, on se surprend dans une contemplation exclusive de l'homme. On se livre trop au plaisir de l'entendre, et l'on est exposé à perdre de vue l'enchaînement de ses pensées. Plusieurs auditeurs des plus assidus et des plus capables, baissaient la vue, de peur de se laisser distraire par ce charme d'autant plus irrésistible que la modestie de l'orateur conspire avec tous les attraits de son éloquence à ramener à sa personne. »

Ajoutons à notre tour que si les conférences de Notre-Dame surent captiver l'auditoire, elles réussirent aussi à persuader et à convertir une foule d'âmes qu'attirait la merveilleuse parole de l'orateur sacré. Plusieurs fois l'assemblée ne put maîtriser ses transports et remplit de ses acclamations les nefs de la vieille basilique, mais aussi Dieu consacra ces victoires de l'éloquence par de nombreuses grâces de conversion et des retours aussi glorieux pour les vaincus que pour le vainqueur.

III

L'année guerroyante et conquérante par excellence, ce fut l'année 1844. La question de *la liberté d'enseignement* posée par Lacordaire douze ans auparavant dans l'*Avenir* et devant la Cour de Paris, se réveilla soudain avec une vigueur nouvelle et ressaisit puissamment l'attention publique. Toutefois, parce que, pour des raisons fort sages d'ailleurs, l'illustre Dominicain ne s'est mêlé qu'indirectement à cette grande question, nous nous réservons de la traiter plus au long dans l'étude que nous nous proposons de faire sur M. de Montalembert, qui en fut le porte-drapeau.

A la question d'enseignement se rattachait celle de la *liberté d'association*, qui en est la conséquence, puisque les communautés peuvent seules pourvoir sérieusement aux exigences de l'enseignement libre, le clergé paroissial étant beaucoup trop occupé et trop peu nombreux pour remplir les écoles, et donner à ses membres le temps et les études nécessaires à l'enseignement supérieur.

Il suivait donc avec un intérêt marqué le développement de cette double question, et il encourageait de toute son âme les champions d'une aussi noble cause, notamment M. de Montalembert, son ancien compagnon d'armes. « Je suis dans le ravissement, lui écrivait-il, tu ne pourrais être absent à une heure si importante. C'est une question *nôtre* que celle-ci. »

Je me reprocherais de ne pas dire un mot d'un autre ami et collaborateur de Lacordaire, du jésuite célèbre qui a laissé un si rare parfum de talent et surtout de piété, je veux parler du P. de Ravignan. « C'étaient les temps héroïques de nos luttes religieuses, a dit Montalembert ; on voyait un dominicain et un jésuite, tous deux illustres, tous deux supérieurs à l'ombre même d'une jalouse rivalité, enseigner à la jeunesse l'art de fouler aux pieds le respect humain et la conduire à la pratique de la foi en même temps qu'à la conquête des droits civiques du catholicisme. »

Chaque hiver, le P. Lacordaire faisait à Paris sept ou huit conférences pendant les mois de décembre et de janvier ; après quoi il allait prêcher le carême dans une ville de province, en laissant au P. de Ravignan le soin de le remplacer à Notre-Dame, et de préparer, par sa station du carême et sa retraite de la semaine sainte, ces communions pascales qui ont été depuis lors la gloire et la consolation de l'Eglise de Paris, et qui faisaient dire, dès 1844 : « Il faut mettre la main de Voltaire sur ces gens-là ! »

La main de Voltaire ! O inconscience, ô impudeur de la haine et de l'irréligion ! Réunissez-vous, hommes de ténèbres et de vice, parlez, défendez la liberté du mal, tendez vos épaules sous le joug du triangle maçonnique, passez le front haut devant nos temples, je vous plains parce que vous ne portez plus avec honneur le nom d'homme libre, parce que vous n'avez ni le respect des grandes choses, ni celui de la conscience de vos concitoyens, mais laissez-nous revendiquer l'honneur de croire à Dieu, à l'âme, aux relations familières et intimes entre le ciel et la terre : laissez-nous nous rassembler pour parler de foi, de vertu, de l'amour de la patrie; laissez-nous prendre, si bon nous semble, le froc blanc de Dominique, la robe grossière de François d'Assise ou l'humble soutane d'Ignace de Loyola. Qui êtes-vous pour vous mesurer avec ces géants de la parole et du dévouement. Ils sont la fleur de l'humanité; laissez-nous respirer le parfum de leurs maximes, nous soumettre, si bon nous semble, à la discipline de leur règle, laissez-nous essayer de mettre le pied sur la trace de leurs pas; de devenir comme eux des saints et des bienfaiteurs de l'humanité.

IV

On prit donc la liberté de se moquer, même de Voltaire, et de suivre les stations réunies et fraternelles : quoi de plus beau d'ailleurs et de plus réconfortant que l'enseignement qu'on y recevait! Quelques extraits nous le démontreront.

L'année 1843, Lacordaire traitait des effets de la doctrine de l'Eglise sur l'esprit humain. En 1844, continuant sa route, il abordait les effets de la doctrine catholique sur l'âme, c'est-à-dire cette floraison de vertus surnaturelles, humilité, chasteté, charité, fraternité et religion, qu'il appelle *vertus réservées,* parce qu'aucune doctrine humaine ne peut les produire. Ce sont les plus belles peut-être que Lacordaire ait faites et son plus beau triomphe d'éloquence. Citons cette exposition si large et si vraie de *l'humilité* créée par le christianisme, en opposition avec l'orgueil natif de l'homme :

« J'ouvre en tremblant le cœur de l'homme, et je n'ai pas besoin d'aller bien loin; hélas! je n'ai qu'à ouvrir le mien pour découvrir ce qui se passe dans celui de mes semblables. J'ouvre le cœur de l'homme, et je connais qu'il s'aime. Il s'aime, et je ne l'en blâme pas : pourquoi se haïrait-il? Mais il ne fait pas que s'aimer, il s'aime plus que tout, il s'aime par dessus tout, il s'aime d'une manière exclusive, il s'aime jusqu'à l'orgueil, jusqu'à vouloir être le premier, et seul le premier... Nous ne sommes contents que quand, mesurant d'un regard tout ce qui nous entoure, nous trouvons le vide, et, au-delà de ce vide, le plus loin possible, un monde à genoux pour nous adorer... » Nous avons beau décréter l'égalité dans les chartes, l'orgueil n'en ratifie la proclamation que pour abaisser ceux qui sont plus hauts que nous, mais non pour élever ceux qui sont plus bas. La haine de la supériorité ne fait qu'appeler à soi la haine de l'égalité et le mépris de l'infériorité. Ce sont là les trois enfants légitimes de l'orgueil...

« La doctrine catholique s'est proposée de changer de fond en comble ce sentiment que nous avons naturellement en nous mêmes... l'homme vivait d'orgueil, il vivra d'humilité. L'humilité est une acceptation volontaire de la place qui nous a été marquée dans la hiérarchie des êtres, une possession de soi-même avec une modération égale à ce que l'on vaut, et qui nous porte à descendre vers ce qui ne vaut pas. L'orgueil tendait à monter : l'humilité cherche à descendre. L'orgueil impliquait la haine de la supériorité dans ceux que la Providence a faits nos supérieurs, l'orgueil aspirait à être le premier, l'humilité aspire au dernier rang. L'orgueil voulait être roi, l'humilité veut être serviteur, sentiment incroyable qui n'avait pas même de nom dans la langue des hommes, et qui s'est fait un nom, une histoire et une gloire! »

Philosophie admirable, fondée sur l'Evangile et répondant à une analyse du cœur aussi sagace dans son examen que terrible dans son coup de scalpel.

Le discours sur *la Chasteté* contient des passages plus magnifiques encore. Continuons d'en citer quelques phrases :

« Tout notre corps est plus ou moins révolté contre l'âme qui doit le régir. Cependant l'âme gouverne assez bien certains de ces ressorts que nous appelons les sens. Mais il en est un qui est en révolte permanente contre l'âme... ce sens n'est pas seulement révolté, il est dépravé... Au lieu que tous les autres sens opèrent dans la direction de la vie, alors même qu'ils abusent d'eux; au lieu que le sommeil nous repose, que la nourriture nous répare, que nos oreilles écoutent la parole, que notre verbe la profère... celui-là ne cesse de conspirer contre notre vie ; il dévore nos plus admirables facultés. N'avez-vous pas rencontré de ces hommes qui, à la fleur de l'âge, à peine honorés des signes de la virilité, portent déjà les flétrissures du temps; qui, dégénérés avant d'avoir atteint la naissance totale de l'être, le front chargé de rides précoces, les yeux vagues et caves, les lèvres impuissantes à peindre la bonté, traînent, sous un soleil tout jeune, une existence caduque? Qui a fait ces cadavres? qui a touché cet enfant? qui lui a ôté la fraîcheur de ses années? qui a mis sur sa face des siècles honteux? N'est-ce pas le sens ennemi à la vie des hommes?... Le voilà ! il s'en va, pris du vin de la mort, et, d'un pied méprisé, porter son corps au tombeau où ses vices dormiront avec lui et déshonoreront sa cendre jusqu'au dernier des jours... »

En opposition avec cette ruine vivante, le P. Lacordaire peint le prêtre chaste, réalisant le rêve de l'Eglise, et devenant, par la prière et l'exemple, l'instrument de salut pour les peuples et le sel de la terre.

« Remarquez-le, dit-il, ce ne sont pas des vieillards réduits par les glaces de l'âge à l'impuissance du mal que la doctrine chrétienne choisit pour ses prêtres; non, ce sont des jeunes gens, c'est l'homme dans la sève et la fleur de la vie; c'est saint Jean couché sur la poitrine de son Maître; c'est saint Paul courant vers Damas à bride abattue; c'est saint Antoine emportant tout son printemps au désert de Kolsim; voilà le prêtre catholique selon la règle générale. L'Eglise prend par les cheveux la jeunesse toute vive, dévouée par son cœur, séduite par son imagination; elle la purifie dans la prière et la pénitence, l'élève par la méditation, l'assouplit par l'obéissance, la transfigure par l'humilité, et, le jour venu, elle la jette par terre dans ses basiliques, elle verse sur elle une parole et une goutte d'huile : la voilà chaste ! Ils iront, ces jeunes gens, ils iront par toute la terre, sous la garde de leur vertu; ils pénétreront dans le sanctuaire des sanctuaires, celui des âmes ; ils écouteront des confidences terribles ; ils verront tout ; ils sauront tout ; mille tempêtes passeront sur leur cœur ; ce cœur restera de feu par la charité, de granit par la chasteté. C'est à ce signe toujours que les peuples reconnaîtront le prêtre... Grâce à Dieu, le sacerdoce catholique a subi cette épreuve ; il la subit depuis vingt siècles. Ses ennemis l'ont regardé sans cesse dans le présent et dans l'histoire ; ils ont signalé des scandales partiels, mais le corps entier est demeuré sauf ! »

Assurément voilà une éloquence neuve et tout à fait inconnue jusque-là dans la chaire ; mais on avouera que sa robe est constellée de perles magnifiques. La forme le dispute au fond par la splendeur et la richesse. La parole de Lacordaire fut une grâce de choix pour notre siècle épris de poésie et de belle littérature.

CHAPITRE XIII

Influence grandissante de Lacordaire.

Fondation du Tiers-Ordre. — Pied-à-terre à Paris. — Conférences sur Jésus-Christ, extraits. — Lacordaire et les jeunes gens. — La révolution de 48 — Ère nouvelle; député des Bouches-du-Rhône. — Station à Dijon. — Flavigny.

I

La persévérance et les succès multipliés du P. Lacordaire furent récompensés par le calme qui se fit autour de lui et une germination d'œuvres vraiment merveilleuse.

Le 5 janvier 1844, il put écrire à l'un des Pères de son Ordre : « Aujourd'hui le port de l'habit en chaire ne souffrirait aucune difficulté, et c'est ainsi que j'ai prêché à Saint-Méry, le jour de Noël, devant une congrégation de cinq à six cents hommes. » Cette même lettre renferme une autre nouvelle qui avait bien son importance : la fondation du Tiers-Ordre dominicain à Paris et sa constitution définitive en congrégation.

Le Tiers-Ordre est une confrérie créée par saint Dominique et approuvée par plusieurs papes, illustrée par de grands saints, et qui a pour but de soumettre à certaines observances compatibles avec la vie du monde, les personnes qui, par devoir d'état, ne peuvent entrer dans un monastère proprement dit, et par là leur apporter les grâces d'obéissance et les mérites que des pratiques analogues, mais isolées, et faites d'une manière arbitraire, ne pourraient produire. L'érection se fit dans l'église de Notre-Dame-des-Victoires, et M. Desgenettes, curé de la paroisse, fit le premier profession entre les mains du P. Lacordaire.

Les premières réunions du Tiers-Ordre eurent lieu à Paris, rue Honoré-Chevalier, 3, dans une petite maison louée par Lacordaire comme simple pied-à-terre, d'où les Dominicains purent rayonner dans la capitale et habituer ainsi le peuple à les voir circuler dans la liberté de leur droit, autorisés par l'Eglise et même secrètement encouragés par l'Etat.

Ce fut là aussi que fut célébrée la première fête de saint Dominique à Paris. Toutefois, après six mois de résidence, un local plus convenable leur fut offert, rue de Vaugirard, 7, en attendant que l'ancien couvent des Carmes leur ouvrît ses portes au nom de l'archevêque de Paris.

Mais le noviciat, nous l'avons dit, ne put trouver asile dans cette capitale trop bruyante; il fut transféré à Chalais, dont le P. Jandel fut nommé prieur, et le P. Besson, un saint, le premier Maître des novices. L'Ordre constituait ainsi ses premiers éléments, il ne tardera pas à former une province française.

L'année 1846 marque l'apogée du talent de Lacordaire et aussi de ses succès. Dès le début de sa station, il annonça qu'il allait parler d'un sujet qui était le centre et le foyer de ses affections et de son cœur. Il avait jusqu'ici étudié l'Eglise sous toutes ses faces ; sa nécessité, son rôle, ses grandeurs, sa puissance. Il avait admiré du dehors l'édifice divin fondé par le Sauveur, il avait jeté des regards lumineux dans l'intérieur, il fallait enfin entrer dans le sanctuaire, ouvrir le tabernacle, nommer et adorer publiquement Celui qui en est tout à la fois l'architecte, le soutien et l'âme, Jésus-Christ. Il le fit, et avec quelle joie et quelle émotion d'âme. « Seigneur Jésus, dit-il, en commençant, depuis dix ans je parle de votre Eglise à cet auditoire ; c'est, au fond, toujours de vous que j'ai parlé ; mais enfin, aujourd'hui plus directement, j'arrive à vous même, à cette divine figure qui est chaque jour l'objet de ma contemplation, à vos pieds sacrés que j'ai baisés tant de fois, à vos mains aimables qui m'ont si souvent béni, à votre chef couronné de gloire et d'épines, à cette vie dont j'ai respiré les parfums dès ma naissance, que mon adolescence a méconnu, que ma jeunesse a reconquise, que mon âge mûr adore et annonce

Église Saint-Clément.

à toute créature. O Père, ô maître, ô ami, ô Jésus, secondez-moi plus que jamais, puisque étant plus proche de vous il convient qu'on s'en aperçoive, et que je tire de ma bouche des paroles qui se sentent de cet admirable voisinage. »

II

Il fit pénétrer successivement son auditoire dans la vie intime de Jésus-Christ, et dans sa vie publique ; il parla de ce règne qu'il a su établir sur la terre, même après être remonté aux cieux ; de la perpétuité et des progrès de ce règne béni, des efforts impuissants du rationalisme pour le détruire, soit en niant la vie de Jésus-Christ, soit en la dénaturant, soit en essayant même de l'expliquer par un autre principe que celui de la divinité. Mais une analyse est bien froide, bien terne et décolorée, il fait bon lire ce magnifique ensemble qui forme un chef-d'œuvre accompli autant que nouveau. Il fait bon lire surtout cette troisième conférence où, après avoir déploré l'impuissance de l'homme à se faire aimer, il montre les derniers amis s'arrêtant à la tombe, tandis que Jésus-Christ se fait aimer partout, toujours, jusqu'à la passion et l'héroïsme. Pages incomparables, dit Montalembert, où Lacordaire s'est élevé aux plus hauts sommets de l'éloquence, disons mieux, où il a révélé son âme de Saint. Ecoutons :

« Poursuivant l'amour toute notre vie, nous ne l'obtenons jamais que d'une manière imparfaite, qui fait saigner notre cœur. Et l'eussions-nous obtenu vivant, que nous en restera-t-il après la mort ? Je le veux, une prière amie nous suit au delà de ce monde, un souvenir pieux prononce encore notre nom, mais bientôt le ciel et la terre ont fait un pas, l'oubli descend, le silence nous couvre, aucun rivage n'envoie plus sur notre tombe la brise éthérée de l'amour. C'est fini, c'est à jamais fini, et telle est l'histoire de l'homme dans l'amour. »

Rien ne peut rendre, dit-on, l'intonation désespérée de la voix du prédicateur, quand il s'écria : « c'est fini ! c'est à jamais fini !! » L'auditoire était comme perdu, enlevé, frémissant, dépris de tout, sans espoir s'il n'avait entendu cette contre-partie sublime :

« Je me trompe, Messieurs, il y a un homme dont l'amour garde la tombe, il y a un homme dont le sépulcre n'est pas seulement glorieux, comme l'a dit un prophète, mais dont le sépulcre est aimé ; il y a un homme dont la cendre, après dix-huit siècles, n'est pas refroidie ; qui, chaque jour, renaît dans la pensée d'une multitude innombrable d'hommes ; qui est visité dans son tombeau par les bergers et par les rois, lui apportant à l'envi et l'or et l'encens et la myrrhe. Il y a un homme dont une portion considérable de l'humanité reprend le pas sans se lasser jamais, et qui, tout disparu qu'il est, se voit suivi par cette foule dans tous les lieux de son antique pèlerinage, sur les genoux de sa mère, au bord des lacs, au haut des montagnes, dans les sentiers des vallées, sous l'ombre des oliviers, dans le secret des déserts. Il y a un homme mort et enseveli, dont on épie le sommeil et le réveil, dont chaque mot qu'il a dit vibre encore et produit plus que l'amour, produit des vertus fructifiant dans l'amour. Il y a un homme attaché depuis des siècles à un gibet, et cet homme, des milliers d'adorateurs le détachent chaque jour du trône de son supplice, se mettent à genoux devant Lui, se prosternent au plus bas qu'ils peuvent, sans rougir, et là, par terre, lui baisent avec une indicible ardeur les pieds sanglants. Il y a un homme flagellé, tué, crucifié, qu'une inénarrable passion ressuscite de la mort et de l'infamie, pour le placer dans la gloire d'un amour qui ne défaille jamais, qui trouve en lui la paix, l'honneur, la joie et jusqu'à l'extase. Il y a un homme poursuivi dans son supplice et sa tombe par une inextinguible haine, et qui, demandant des apôtres et des martyrs à toute postérité qui se lève, trouve des apôtres et des martyrs au sein de toutes les générations. Il y a un homme enfin, et le seul qui ait fondé son amour sur la terre, et cet homme c'est vous, ô Jésus, vous qui avez bien voulu me baptiser, me oindre, me sacrer dans votre amour, et dont le nom seul, en ce moment, ouvre mes entrailles et en arrache cet accent qui me trouble moi-même et que je ne me connaissais pas. »

O jeunes gens qui lisez ces lignes, sentez-vous votre imagination s'émerveiller, votre cœur s'émouvoir; sentez-vous votre âme tout entière monter avec l'orateur, le poëte et le saint, dans les hauteurs que Dieu habite, soyez heureux, le beau vous séduit, le vrai vous captive. Si de telles pages vous laissaient insensibles, je craindrais pour votre goût et je serais inquiet de la pureté de votre vie... Au souvenir de cette parole vivante et vibrante d'amour, des larmes montaient encore aux yeux de ceux qui l'avaient entendue. « Nul d'entre nous, écrit Montalembert, n'avait jamais rien entendu de pareil, et parmi ceux qui l'ont entendu et goûté, nul ne l'oubliera jamais. »

Sans doute ces élans sublimes étaient rares, rares comme les coups d'aile du génie, mais sa voix était toujours fascinatrice et sa pensée frappante. « Quand l'orateur ouvrait la bouche, a dit M. Ernest Hello, nous interrogions ses premières paroles et ses premiers regards pour mesurer son ardeur et entendre ses éclats. A la fin de la période, dans les principaux passages du discours, le P. Lacordaire éclatait en se déchirant comme une grenade qui s'ouvre. L'auditoire frémissait longuement, et l'orateur gardait le silence en attendant que la fin de son triomphe lui permît de reprendre la parole. Le discours ressemblait à un dialogue tant l'auditoire répondait, la cathédrale était en fête. »

III

Faut-il s'étonner après cela de l'empire chaque jour croissant du prédicateur, surtout sur la jeunesse. La jeunesse ! il l'aimait; c'est pour elle qu'il parlait, c'est d'elle qu'il attendait tout l'effet de sa parole; sous le puissant écrivain, sous l'incomparable orateur, sous l'austère religieux, on retrouvait l'homme de cœur, le prêtre dévoré de l'amour des âmes. L'auditoire sentait cette nature de feu dans la transparence du discours, et dès qu'il était descendu de chaire on le suivait comme d'instinct. Partout où il a passé, ses conférences étaient le rendez-vous des étudiants, et il les emportait, il les enchaînait, non par cette admiration éphémère et banale qu'excite le talent, mais par cette ascendant mystérieux qui appartient à l'orateur qui s'abreuve abondamment aux sources d'en haut; et cette éloquence sacerdotale convaincue et entraînante, Lacordaire l'a portée au comble, il était véritablement, *Dux verbi,* le prince de la parole.

A Bordeaux quinze cents jeunes gens appartenant à l'aristocratie, au barreau, au commerce envahissent les cours, les jardins, les salons de l'archevêché pour le remercier de s'être dévoué à compléter l'éducation religieuse de la jeunesse.

A Nancy l'enthousiasme est si beau que la presse maçonnique s'effraie et dénonce aux familles cet homme qui *fascine leurs enfants et menace de les embaucher dans son ordre.* On pousse même le ridicule jusqu'à interdire au dominicain l'entrée chez l'aumônier du lycée, même à titre privé et comme ami, tant on redoutait son influence,

A Strasbourg les scènes de la prédication de saint Bernard sur les bords du Rhin se renouvellent et l'élite de la jeunesse se presse sous les pas du suave et austère prédicateur parce qu'il lui parle de foi, de patriotisme, de toutes les idées généreuses qu'elle aime.

A Toulon les jeunes officiers le suivent à la sacristie pour donner un libre cours à leur admiration. Mais là, un spectacle émouvant les attend; le P. Lacordaire vient d'apprendre une nouvelle qui le navre. Hernsheim, son ami, son frère, l'un des bien-aimés de son cœur vient de mourir et il verse des larmes en leur présence. C'était un jeune homme, lui aussi et il venait de partir ne jetant à la terre que des fleurs à peine écloses. Là encore les élèves de rhétorique du collège royal furent tellement saisis de son accueil que par un mouvement spontané tous se trouvèrent à genoux autour de lui. Il les releva, les serra un à un sur sa poitrine, et leur dit : « Promettez-moi de ne jamais manquer de faire vos Pâques. »

Non seulement il les recevait chez lui, ces jeunes gens embrasés de sa flamme, mais à toute heure il était prêt, paraissant n'avoir rien à faire que d'entrer dans le sujet qui les amenait : mais que de fois il allait les surprendre chez eux, le matin, faisait en leur compagnie de longues et familières promenades, où, aux effusions du cœur le plus tendre il mêlait les réflexions les plus profondes et les saillies les plus enjouées. A la lettre, il était resté l'un d'eux, mais le premier d'entre tous pour les aimer, les éclairer, les dominer, les donner à Dieu. Aussi que de fruits de salut dans cette jeunesse éprise de grandes et saintes choses !

IV

Lacordaire n'avait prêché que trois jours à Marseille, et cependant l'impression fut si profonde qu'elle détermina son élection à l'Assemblée Constituante en 1848. Il n'est pas besoin de raconter les évènements arrivés en cette année restée célèbre. La crise est trop connue et ses effets trop discutés pour que nous y touchions même du doigt. Constatons seulement qu'au contraire de la révolution de 1830, celle de 1848 fut relativement respectueuse de la religion. On vit, le jour même du sac des Tuileries, un jeune homme passer au milieu de la multitude étonnée transportant le crucifix et les vases sacrés de la chapelle dans l'église Saint-Roch, escorté d'un piquet de gardes nationaux.

Heureux de ces avances, l'archevêque de Paris prit aussitôt son parti, et dès le 24 février, au lieu de la prière pour le Roi, il prescrivit de chanter : *Domine, salvam fac Francorum gentem,* Seigneur, sauvez la nation française. C'était l'acceptation du fait accompli, la pensée de Dieu dominant toutes les vicissitudes humaines, la prière planant dans les régions supérieures aux partis.

De son côté, Lacordaire annonça au gouvernement provisoire que, pour marquer sa confiance en la paix publique et le respect de tous, il ouvrirait ses conférences le 27 février, quinze jours avant le carême, trois jours après l'émeute. Le gouvernement le remercia, et de cette confiance réciproque naquit la sympathie.

Mais il fallait donner une direction à cette foule triomphante. Etait-il bon, nécessaire même de se mêler au mouvement pour la moraliser et l'empêcher de s'égarer? « Pendant que je délibérais, dit-il, M. l'abbé Maret et Frédéric Ozanam frappèrent à ma porte. Ils venaient me dire que l'inquiétude régnait parmi les catholiques, que les points de ralliement disparaissaient... » On décida de créer un journal nouveau pour servir de bannière aux masses, un phare pour les éclairer. » L'*Ere nouvelle* fut bientôt lancée. Mais fallait-il aller plus loin. De la tribune du journaliste à la tribune du représentant du peuple il n'y a qu'un pas. Lacordaire fut porté comme candidat à la députation, sans l'avoir sollicité, dans sept ou huit départements. Il fut élu par les Bouches-du-Rhône.

Mais il ne tarda pas, hélas! à constater que le milieu parlementaire, avec ses promiscuités, ses discussions acerbes, parfois grossières, ne pouvait convenir à la dignité de sa robe ni à la hauteur de ses sentiments. « Il faut, dit Montalembert, il faut que, à un jour donné, l'orateur se montre à découvert devant ses adversaires acharnés, qu'il échange son regard avec le leur, qu'il brave leurs menaces et commande leur silence; or il y a des regards qui épouvantent, des ripostes qui écœurent, des mains qui salissent. »

Deux fois en onze jours pourtant Lacordaire prit la parole, mais devant certains procédés trop vifs et trop vils, la nausée le prit. Le 15 mai arriva; l'Assemblée fut envahie par une multitude aveugle, outrageant ses représentants et violant ce principe de respect sans lequel rien ne peut subsister; il donna sa démission, se retira peu à peu de l'*Ere nouvelle* et dit adieu sans regret à la vie politique.

Il retourna donc à son véritable domaine, à sa chaire aimée, et y retrouva pendant trois années consécutives cette multitude émue qui venait fidèlement s'abreuver à sa pensée.

Cependant il est une ville que le P. Lacordaire n'avait point favorisée encore d'une station complète, ville pourtant bien chère, sinon la première dans ses prédilections, au moins la première dans ses souvenirs d'enfance et de jeunesse, Dijon, sa ville, presque le lieu de sa naissance. Il lui accorda, sur la prière de son évêque, une partie de l'hiver de 1848-1849. Dieu bénit doublement cette mission et par le bien qu'il fit dans les âmes et par la grande œuvre de la fondation d'une nouvelle maison de son Ordre, sur la hauteur boisée qui porta, dit-on, Alise la vaillante, dernier retranchement de Vercingétorix. Le climat de Flavigny, tel était le nom de la nouvelle résidence, était moins rude que celui de Chalais. Le Père vit tout de suite le parti qu'il pourrait en tirer et résolut d'y transporter les novices, réservant Chalais pour les étudiants.

Une conséquence heureuse s'en suivit. C'était la troisième maison, une quatrième fut offerte dans la capitale elle-même peu après; or trois maisons seulement étant nécessaires pour obtenir l'érection d'une province française, Lacordaire partit aussitôt pour Rome. Il en revint comblé des faveurs et de la confiance du Pape qui ne se contenta pas de nommer le P. Jandel, un de ses fils, Supérieur général, mais le nomma lui-même Provincial de la Province française dûment reconnue et approuvée. « Le P. Jandel, disait-il, c'est moi-même, sans les inconvénients de moi-même! » C'était résumer d'une manière originale et sa joie de la nomination du Dominicain français au premier poste de l'Ordre, et sa reconnaissance pour la bonté paternelle qui lui laissait la liberté du ministère apostolique.

CHAPITRE XIV

Retraite et Vie intime.

Les adieux à Notre-Dame. — Le dernier sermon à Paris. — Couvent de saint Dominique à Toulouse. — Sorèze. — Vertus, humilité, mortification. — Dévotion à la Passion.

I

Lacordaire était resté dix ans sur le sommet lumineux de sa gloire. Il avait su jeter, à des foules toujours plus avides, les richesses de sa pensée et les inspirations les plus touchantes de son noble cœur. Il allait descendre volontairement et descendre sans déchoir, bien loin de là. Il ne fera que révéler mieux le secret ressort de son énergie et de ses triomphes : sous le grand religieux on découvrira le saint prêtre, l'homme de l'humilité, de la mortification portées jusqu'à l'héroïsme.

En avril 1851, sans que nul symptôme alarmant fît craindre au public que cette chaire, si longtemps illustrée par lui, pût lui être fermée quelque jour, par un pressentiment qu'il désavouait tout en l'exprimant, il fut amené à clore la station par des adieux solennels, qui doivent être reproduits ici parce qu'on y rencontre une sorte de résumé de la vie extérieure du prédicateur et une des très rares occasions où il s'est mis en scène.

On juge de l'étonnement de l'auditoire, lorsque le Père termina ainsi la dernière conférence : « Encore qu'une nouvelle carrière me fût préparée par Dieu et par mon dévouement pour vous, je ne puis me défendre de vous parler comme si je vous adressais des adieux. Permettez-le moi, non comme pressentiment de l'avenir, mais comme une consolation.

« Je dis une consolation, parce que j'éprouve en moi deux sentiments contraires, l'un de joie d'avoir achevé, avec vous, une œuvre utile au salut de plusieurs et de l'avoir achevée dans ce siècle que l'on a nommé le siècle des avortements ; l'autre, de tristesse, en songeant qu'une œuvre ne s'achève pas pour un homme sans qu'il y laisse la plus belle partie de lui-même, les prémices de sa force et la fleur de ses ans. Le Dante commence ainsi la divine épopée : « Au milieu du chemin de la vie, je m'éveillai seul dans une forêt profonde. » Je suis parvenu, Messieurs, à ce milieu du chemin de la vie où l'homme se dépouille du rayon de sa jeunesse et descend, par une pente rapide, aux rivages de l'impuissance et de l'oubli. Je ne demande pas mieux que de descendre, puisque c'est le sort que l'équitable Providence nous a fait, mais du moins à ce point de partage des choses d'où je puis voir encore une fois les temps qui vont finir, vous ne m'envierez pas la douceur d'y jeter un regard et d'évoquer devant vous, qui fûtes les compagnons de ma route, quelques-uns des souvenirs qui me rendent si chers et cette métropole et vous. »

Ici il entre dans le détail de sa vie dont chaque pas a été un bienfait de Dieu : « C'est ici, quand mon âme se fut rouverte à la lumière de Dieu, que le pardon descendit sur mes fautes, et j'entrevois l'autel où, sur mes lèvres fortifiées par l'âge et purifiées par le repentir, je reçus, pour la seconde fois, le Dieu qui m'avait visité à l'aurore première de mon adolescence. C'est ici que, couché sur le pavé du temple, je m'élevai par degrés jusqu'à l'onction du sacerdoce, et qu'après de longs détours où je cherchais le secret de ma prédestination, il me fut révélé dans cette chaire, que, depuis dix-sept ans vous avez entourée de silence et d'honneur. C'est ici qu'au retour d'un exil volontaire, je rapportai l'habit religieux qu'un demi-siècle de proscription avait chassé de Paris, et que, le présentant à une assemblée formidable, par le nombre et la diversité des personnes, il obtint le triomphe d'un unanime respect. C'est ici qu'au lendemain d'une révolution, lorsque nos places étaient encore couvertes des débris du trône et des images de la guerre, vous vîntes écouter de ma bouche la parole qui survit à toutes les ruines et qui, ce jour-là, soutenue d'une émotion dont nul ne se défendait, fut saluée de vos applaudissements. C'est ici, sous les dalles voisines de l'autel, que reposent mes deux premiers archevêques, celui qui m'appela, tout jeune, à l'honneur de vous enseigner (1), et celui qui m'y rappela après qu'une défiance de nos forces m'eut éloigné de vous (2). C'est ici, sur ce même siège archiépiscopal que j'ai retrouvé dans un troisième pontifie (3), le même cœur et la même protection. Enfin c'est ici qu'ont pris naissance toutes les affections qui ont consolé ma vie, et que, homme solitaire, inconnu des grands, éloigné des partis, étranger aux lieux où se presse la foule et se nouent les relations, j'ai rencontré des âmes qui m'ont aimé.

« O murs de Notre-Dame, voûtes sacrées qui avez reporté ma parole à tant d'intelligences privées de Dieu, autels qui m'avez béni, je ne me sépare point de vous ; je ne fais que dire ce que vous avez été pour un homme et m'épancher en moi-même au souvenir de vos bienfaits, comme les enfants d'Israël, présents ou en exil, célébraient la mémoire de Sion.

« Et vous, Messieurs, génération déjà nombreuse en qui j'ai semé peut-être des vérités et des vertus, je vous demeure uni pour l'avenir, comme je le fus dans le passé ; mais si un jour mes forces trahissaient mon élan, si vous veniez à dédaigner les restes d'une voix qui vous fut chère, sachez que vous ne serez jamais ingrats, car rien ne peut empêcher désormais que vous n'ayez été la gloire de ma vie, et que vous ne soyez ma couronne dans l'éternité. »

(1) Mgr de Quélen.
(2) Mgr Affre.
(3) Mgr Sibour.

II

Tels furent ces adieux célèbres à la chaire de Notre-Dame, car il n'y devait plus remonter jamais. Après le coup d'Etat du 2 décembre, sa carrière était finie. Mais son cœur était toujours là. Il écrivait de Toulouse, le 19 juin 1854 : « J'ai été bien touché de ce que vous fait éprouver la nef de Notre-Dame, *c'est ma grande patrie,* je la salue toujours dès qu'en entrant à Paris j'aperçois ses tours. »

Des mauvais jours s'approchaient pour l'éloquence, le souffle allait manquer à sa poitrine et la liberté à sa parole, non par le fait de l'autorité ecclésiastique, car elle fit tout au contraire, pour le retenir dans la chaire qu'il occupait si bien, mais par le fait de l'autorité civile, ennemie de tout contrôle.

La dernière fois qu'il se fit entendre à Paris, ce fut à Saint-Roch, le 10 février 1853, dans cette même église où il avait balbutié sa première prédication vingt ans auparavant. « C'était, a dit M. Prévot-Paradol, la suprême détonation, la fusée de détresse que lance un vaisseau qui va sombrer, la grande voix et comme un adieu aux vagues qui vont l'engloutir. »

Il parla de l'œuvre des écoles chrétiennes, et il avait pris pour texte ces mots du prophète : *Esto vir,* sois un homme. Or, en parlant de la virilité chrétienne dans la vie publique et la vie privée, il s'écria : « Il est bon que nous sachions ce que nous entendons faire en voulant faire des chrétiens ; si ce sont des hommes véritables que nous voulons former, ou bien des hommes vulgaires ; si pour nous l'homme est l'*homo* que les anciens dérivaient de *humus*, la terre, la boue ; ou bien le *vir*, cet homme qui est plus que la terre, qui a du courage, de l'âme de la vertu, *virtus*.., On peut avoir de la vertu et une âme vulgaire ; une intelligence capable d'incliner son siècle et une âme capable de le déshonorer (allusion sans doute à Voltaire et à Rousseau, les mauvais génies de la France) ; on peut être un grand homme par l'esprit et un misérable par le cœur. Celui qui emploie des moyens misérables, même pour faire le bien, MÊME POUR SAUVER SON PAYS, CELUI-LA DEMEURE TOUJOURS UN MISÉRABLE. » Vit-on dans ces paroles une allusion transparente à certain homme d'Etat ou à certain procédé d'ambition ? peut-être ; mais le fait est que la meute rampante des journalistes officieux fit de la conférence du religieux dominicain, un pamphlet contre le pouvoir.

Une lettre du ministre réclama des explications à l'archevêque ; celui-ci répondit par le simple envoi de la sténographie du discours, et tout fut dit ; mais la suspicion était à l'ordre du jour, le prédicateur n'était plus libre, il préféra disparaître des chaires de Paris. « Je disparus de la chaire, dira-t-il un jour, par une crainte spontanée de ma liberté, devant un siècle qui n'avait plus la sienne. »

Lacordaire avait quarante-neuf ans ! Il restait debout, fidèle à lui-même, fidèle à son Dieu, fidèle à la liberté de la parole sacrée dont saint Paul a dit : « qu'elle ne connaît point de chaînes. » *Verbum Dei non est alligatum.*

On a cherché la cause de sa mort prématurée : on a parlé des amertumes qui attristèrent ses dernières années, de macérations excessives, que sais-je encore ? Je ne veux pas m'inscrire en faux contre ces interprétations, mais à côté de ces causes, il en est une qui les domine toutes peut-être, c'est la nostalgie de Notre-Dame, sa grande patrie, comme il disait, son amour et sa vie. Il s'en alla dans la solitude emportant avec lui un ennui incurable et retrouvant, cette fois pour en mourir, la mélancolie qui l'avait envahi dès sa jeunesse. « Quand on a consumé sa vie dans un travail désintéressé, a-t-il écrit, et qu'à la fin d'une longue carrière on voit la difficulté des choses l'emporter sur le désir et les efforts, l'âme sans se détacher du bien, éprouve l'amertume d'un sacrifice qui n'est pas récompensé, et elle se tourne vers Dieu dans une mélancolie que la vertu condamne, mais que la bonté divine pardonne. » « Je suis, dit-il encore, comme un vieux lion qui a voyagé dans les déserts et qui, assis sur ses quatre nobles pattes, regarde devant lui, d'un air un peu mélancolique, la mer et ses flots. »

III

De Paris il partit pour Toulouse. Une grande solennité s'y préparait. Cette vieille capitale des Visigoths avait l'honneur de posséder depuis cinq siècles le chef du plus grand docteur de l'Eglise saint Thomas d'Aquin. Les succès toujours croissants des Frères-Prêcheurs et la renaissance triomphante de l'Ordre dominicain avaient rappelé l'attention sur cette relique insigne. Le P. Lacordaire avait été invité par Mgr Mioland, archevêque de Toulouse, à prendre la parole lors de la translation de la tête du saint en un reliquaire plus riche. Il vint donc ; la cérémonie commença, grave, silencieuse, imposante... Le chef du docteur angélique, enveloppé d'une étoffe de soie noire fut découvert. Le célèbre dominicain était là, à genoux, sur les degrés de l'autel ; et il fut appelé à vénérer la tête de son grand aïeul. On vit donc ces deux têtes si puissantes se rapprocher, se toucher, se baiser... Le soir la vieille basilique retrouva quelque chose de ses gloires passées. Dominant une foule pressée et recueillie, le Père prononça un panégyrique tel que peu s'en fallut qu'il fût plusieurs fois couvert d'applaudissements. Dieu lui accorda une double bénédiction : un couvent de l'Ordre fut fondé dans cette ville qui avait été son berceau. Cette prise de possession de l'Aquitaine au nom de saint Dominique amena le P. Lacordaire à reprendre en 1854 le cours trop longtemps interrompu de ses conférences, et il le fit avec courage et succès. L'orateur retrouva la plénitude des dons que Dieu lui avait faits, l'éclair du regard, la domination du geste, et jusqu'à l'harmonieuse et pénétrante sonorité de la voix. Pourtant l'organe avait un peu faibli et ne suffisait plus à remplir un aussi grand vaisseau que Saint-Etienne de Toulouse.

Quant à la pensée et à l'enthousiasme, on s'accorde à dire que les six conférences de Toulouse sont les plus irréprochables de toutes. Il y envisage la vie à tous les degrés, la vie en général, la vie des passions, la vie morale, la vie surnaturelle et l'influence de celle-ci sur la vie privée et la vie publique. L'auditoire était au niveau de sa parole; douze cents étudiants l'entouraient d'une ardente sympathie, son âme rajeunissait. « Deux fois peut-être, écrivait-il à madame Swetchine, j'ai trouvé des accents plus élevés qu'en aucun temps de ma carrière. »

L'admiration des Toulousains ne savait comment s'exprimer, et cette impuissance eut les conséquences les plus extraordinaires. Quelqu'un faisait remarquer que la voix du Père avait des notes fatiguées, un auditeur ingénieux eut l'idée d'aller lui proposer une guérison infaillible. Le Père a raconté lui-même cette anecdote amusante. Il s'agissait tout simplement de lui faire boire de l'*or potable*. Pour le coup, il eut pu sans difficulté s'appeler ou Chrysostôme ou Pierre Chrysologue.

Un autre effet plus pratique et une bénédiction plus précieuse fut l'offre qui lui fut faite de prendre la direction du plus grand établissement d'instruction libre du midi de la France, l'antique collège de Sorèze. C'était au IXe siècle une abbaye de Bénédictins, fondée par Pépin, roi d'Aquitaine. Supprimée par la Révolution, elle était devenue depuis une école florissante qui compta jusqu'à soixante professeurs et quatre cents et même cinq cents élèves. Des personnages illustres en étaient sortis. Mais la décadence était venue vite et de pieux et savants ecclésiastiques en avaient pris la direction sans y faire revenir la vogue. Pour Lacordaire, c'était le cœur de la contrée arrosée des sueurs de saint Dominique, et dès la première heure il s'attacha à ce projet avec passion, n'attendant que l'autorisation du maître général pour l'accepter, ce qui d'ailleurs ne tarda pas; et le 8 août 1854, il en prenait possession, le jour de la distribution des prix.

Dès lors il renonça à tout pour cette œuvre, même à la prédication et par conséquent à ses conférences sur la vie chrétienne, comme aussi à la composition du grand ouvrage sur la religion par lequel il aurait aimé couronner son existence si laborieuse. S'enfermer à Sorèze ce n'était pas sortir de sa vocation, mais bien plutôt y rentrer. Evangéliser la jeunesse, telle avait toujours été sa passion, et ce qu'il avait vu des hommes ne lui laissait aucun regret d'avoir à passer avec des enfants le reste de ses jours.

Son âme semblait trempée de tendresse et baignée de lumière tout spécialement pour les jeunes gens. Depuis ses années de collège qui lui avaient pris sa foi naïve, et ne lui avaient donné en échange que des systèmes issus d'un homme, se détruisant les uns les autres, il s'était pris d'une immense pitié pour ces êtres qui demandent à Dieu une croyance et à la vie un but, et qu'on cherche à étourdir par le bruit précoce des ambitions mondaines. Au séminaire il avait rêvé de se faire Jésuite parce que les Jésuites seuls tenaient en leurs mains la haute éducation religieuse des fils de la France. En 1831, il s'était fait maître d'école avec Montalembert, et s'était paré de ce titre devant la Cour des Pairs, pour avoir le droit de réclamer à haute voix, à la face du pays, la liberté d'enseignement. En organisant son Ordre au fond de sa pensée et dans le chaud foyer de son cœur, il avait fait la part des jeunes gens, et il venait tout récemment de créer un Tiers-Ordre exclusivement voué à l'enseignement. Sorèze, c'était donc son rêve réalisé, sa vie fixée, son cœur enfin à l'aise.

IV

On vit l'orateur acclamé de la capitale renfermer dans les murs d'une maison d'éducation les éclats de son éloquence ; on vit le penseur subtil et profond mettre la bride à son génie pour ne point être emporté trop haut dans les régions de la métaphysique et ne donner à ses ailes que juste ce qu'il faut pour rester à la portée des

Lacordaire sur son lit de mort.

intelligences de jeunes gens. « Sorèze, avait-il dit, *sera le tombeau de ma vie, l'asile de ma mort, la consolation de l'une et de l'autre.* » En effet, dans ce tombeau, il pourra faire du bien encore, il pourra songer mieux que nulle part ailleurs à sa sanctification personnelle.

La parole du prédicateur n'est que d'un jour ; celle de l'instituteur est de tous les jours et de toutes les heures. La couche que celle-ci dépose en des âmes vierges a une bien autre durée qu'une émotion d'un avent ou d'un carême. Il ne lui échappait pas non plus à quel point l'éducation de la jeunesse est un lien permanent entre l'instituteur et les familles, et par suite un moyen d'action des plus puissants pour le bien.

Sans doute toute sa vie il avait été le religieux austère, le prêtre édifiant et profondément pénétré de la grandeur et des devoirs de sa charge. Mais cette forme de vie intérieure va se développer tous les jours et le vaillant apôtre faire place au Saint. Un jour, à Lyon, en 1845, dans cette ville où les convictions religieuses sont si vives et si ardentes, son succès avait dépassé tout ce qu'il avait obtenu jusque-là, c'était un délire. Le soir venu, le sermon fini, on l'attendait pour dîner. Il ne venait pas ; quelqu'un se détacha donc de la nombreuse compagnie pour le chercher. Il le trouva pâle et tout en larmes au pied du crucifix : « Qu'avez-vous, mon Père ? lui dit-il. — J'ai peur ! — Peur ! et de quoi ? — De ce succès. » Son âme cherchait à broyer dans la pénitence des mouvements intérieurs de satisfaction et d'amour-propre qui paraissent si raisonnables à la nature.

Nous l'avons vu à Nancy prendre la cellule la plus noire et la plus humide, mais en faire un modèle d'ordre et de propreté. A Sorèze, il sera toujours le même, avec une énergie de plus pourtant. Chez lui jamais de poussière, jamais de papier traînant ou brûlé, mais tout classé avec goût et symétrie : le canif, l'écritoire, la règle toujours à la même place, disposés de la même façon. Parfois on l'a vu, au milieu d'un entretien sérieux et élevé, s'interrompre pour aller ranger un objet quelconque.

L'opinion publique était constamment trompée par l'allure intrépide et indépendante de la pensée du Père, par les formes nouvelles et hardies de sa parole. Volontiers on voyait en lui un esprit puissant et libre, ennemi de la contrainte et rebelle à la règle. Mais les amis intimes ont admiré sous ce vêtement, je dirais volontiers sous cette toge de l'orateur, des vertus charmantes, des austérités impitoyables. Par humilité on l'a vu se mettre à genoux devant un novice et lui commander au nom de l'obéissance de marcher sur lui ; sa mortification le faisait attacher à un poteau pour recevoir une flagellation cruelle, imposée par lui-même ; sa virginale modestie le rendait timide devant le moindre danger, lui qui faisait front devant toute une armée de mécréants. Et dans cette part de vertus cachées on devinait le ressort vigoureux qui lançait sa vie, la base de granit qui la soutenait. Derrière le brillant génie, il y avait le saint.

Qui l'eût pensé! sa dévotion particulière le ramenait toujours à Jésus immolé, crucifié, pantelant pour notre salut. Ecoutons l'idée qu'il s'était faite du prêtre : « Le sacerdoce, disait-il, est une immolation de l'homme ajoutée à celle de Dieu. » Jésus sur la croix, mourant, lui parlait fortement au cœur. Aux jours de sa jeunesse il avait rêvé les joies du sacrifice et de l'apostolat chez les peuples infidèles, et l'âpre passion de souffrir le dévorait toujours. La mort toute seule, comme il disait, ne paraissait pas suffisante à son désir d'immolation. Au témoignage de l'abbé Perreyve, il offrait ces immolations dans le secret et les ombres de sa cellule pour tel de ses fils spirituels dont il était inquiet, pour tel de ses amis dont la vertu était en péril, pour tel de ses élèves, insouciant et léger, qui ne savait pas qu'un mot échappé dans la confidence de l'amitié, ou dans la confidence sacrée de la confession devait jeter ce vrai prêtre tout sanglant aux pieds de Dieu, et provoquer dans son âme l'héroïque générosité des expiations des saints

Oui, en plein XIXe siècle, au lendemain des conquêtes de 89 et de la proclamation orgueilleuse des droits de l'homme, quand la cendre ironique de Voltaire était à peine refroidie, cet avocat, ce libéral, cet écrivain, cet homme d'esprit, cet orateur, ce génie, Lacordaire se donnait la discipline tous les jours et souvent plusieurs fois chaque jour, et pas une de ces soirées glorieuses où il tenait les multitudes frémissantes et captives sous sa parole sans qu'il se fît donner, fatigué, épuisé, brisé, une flagellation sévère. Regimbons si nous le voulons, fils d'un siècle de décadence, amollis par les délicatesses du confortable, révoltons-nous contre cette folie sanglante de l'amour, la vertu est à ce prix, et surtout la conquête des âmes.

« Un jour, écrivait-il à l'un de ses novices, un jour vous paraîtrez devant les hommes pour leur porter témoignage au nom de Jésus-Christ, *et ce témoignage sera d'autant plus fort que vous aurez souffert davantage.* Ce n'est rien de parler, IL FAUT METTRE DU SANG SUR LES PAROLES. »

Réflexion profonde, elle rappelle la grande loi providentielle de l'expiation, qui ramène les âmes à Dieu à travers les sacrifices et les larmes.

CHAPITRE XV

Dernières années et mort de Lacordaire.

Sa vie à Sorèze. — Méthode d'éducation. — Succès multiples. — Mort de La Mennais. — Mort de Madame Swetchine. — Réception à l'Académie française. — *Lettres à un jeune homme.* — *Sainte Madeleine.* — Santé déclinante. — Visite de Montalembert. — *Mémoires.* — Mort de Lacordaire. — Effet sur la contrée.

I

Les années s'écoulaient ainsi laborieuses et calmes, préoccupées et tendres, « le vieux lion » regardait au loin la bataille, et il s'était fait l'âme de cet essaim d'enfants et de jeunes gens qui, eux du moins, « n'avaient rien trahi, ni rien déshonoré. » Il donnait l'élan au travail, ouvrait des horizons aux intelligences, veillait au développement des volontés, formait les caractères et assurait la bonne direction des cœurs.

Dans l'intérêt du travail, il avait supprimé les vacances de Pâques; il les remplaça par de grands congés, disséminés dans les plus beaux temps de l'année. Ce jour-là, il conduisait lui-même les élèves; il se plaisait à les mener, par des sentiers nouveaux, à tous ces délicieux environs de Sorèze qu'il connaissait si bien et dont il leur faisait admirer avec lui les sites et les beautés. On partait à six heures du matin; le Père, un bâton à la main, marchait en tête, donnant l'exemple de l'ardeur joyeuse. Vers onze heures, on arrivait au but de la promenade; on s'asseyait sur l'herbe et l'on oubliait vite la fatigue autour d'un déjeuner assaisonné d'un merveilleux appétit. Le Père retrouvait là ses mets favoris : la salade et les œufs durs. Après le repas, assis au pied d'un arbre et entouré d'une couronne de ses chers enfants, il devisait joyeusement avec eux, jusqu'à ce que, le sommeil le gagnant, il laissât tomber sa tête sur l'épaule du plus proche, où il s'endormait paisiblement (1).

Ce sommeil indiquait une nature sinon épuisée, tout au moins débilitée et sans ressort. En effet, déjà la mort avait marqué sa victime et Dieu comptait ses jours. Pendant que les enfants insoucieux ne songeaient qu'à tirer profit de cette haute intelligence et de ce grand cœur, tandis qu'ils touchaient, mystérieusement, avec une foi discrète, ces vêtements blancs comme pour en retirer une vertu secrète, tandis qu'au contact d'une vie si pleine de bonté et de mérites, ils apprenaient à devenir meilleurs et à regarder la religion comme la plus noble et la plus douce amie de l'homme à tous les âges de l'existence terrestre, lui s'affaissait chaque jour, miné par un mal que lui seul ne soupçonnait pas encore. Ce fut d'abord un simple rhume, mais suivi d'un délire qui révélait une cause cachée, mais inquiétante.

Pourtant rien ne le détournait de son devoir et des charges accablantes d'un supériorat nombreux. Tous les huit jours il prenait la parole devant cet auditoire aimé ; malgré son âge, ses soucis multipliés et sa grande habitude de la chaire, il mettait une semaine à préparer ses prônes de collège, ne consentant jamais à laisser tomber le sceptre sacré de la parole évangélique.

Pendant sept ans, il traita des sujets de morale, puis des bases et des éléments constitutifs de la vie chrétienne.

Chez ses élèves, après les sentiments de foi profonde et d'énergie dans la pratique de la vertu, il s'efforçait d'exciter deux choses : le caractère et l'amour de la patrie ; le *caractère*, qu'il appelait : « l'énergie sourde et constante de la volonté, je ne sais quoi d'inébranlable dans les desseins, de plus inébranlable encore dans la fidélité à soi-même, à ses convictions, à ses amitiés, à ses vertus, et une force intime qui jaillit de la personne et inspire à tous cette certitude que nous appelons la sécurité ; » *la patrie*, qui est « notre Eglise du temps, comme l'Eglise est notre patrie de l'éternité... le sol qui nous a vus naître,

(1) P. Chocarne.

le sang et la maison de nos pères, l'amour de nos parents, les souvenirs de notre enfance, nos traditions, nos lois, nos mœurs, nos libertés, notre histoire et notre religion, tout ce que nous croyons et tout ce que nous aimons. »

Pour atteindre plus directement et plus efficacement ces âmes, il acceptait de confesser les plus âgés de ses enfants. Il les voyait tous les huit ou tous les quinze jours. Ces bons jeunes gens venaient le trouver souvent, même en dehors de la confession, pour lui ouvrir leur cœur et recevoir ses conseils à la veille de leur entrée dans le monde. Ils éprouvaient le besoin de s'agenouiller à ses pieds et d'écouter ces leçons si paternelles et si élevées. Avec eux, il était tout amour; sa porte leur était ouverte à toute heure, et jamais il n'en renvoya aucun sous prétexte de travail ou d'affaires, et il était impossible de l'approcher sans respirer le parfum de mortification et de tendresse pour Dieu qui s'exhalait de sa parole et de toute sa vie.

Aussi quel n'était point leur attachement pour un tel maître!

Le succès du P. Lacordaire connut les envieux comme tout ce qui est grand et bienfaisant. On répandait contre l'Ecole les bruits les plus absurdes. Un jour qu'on célébrait la fête du Père bien-aimé, l'abbé Perreyve était là à sa droite et lui racontait à voix basse quelques-uns de ces bruits malveillants. Tout à coup Lacordaire se lève, « Messieurs, dit-il tout haut, le bruit court à Toulouse que les élèves de Sorèze ont pendu leur directeur en effigie. »

Le sergent-major des anciens, M. de Serres, se lève à son tour et répond spirituellement : Mon Père, on sait beaucoup de choses, à Toulouse, mais ce que le public ne sait pas, et que nous aimerions à lui apprendre, c'est que tous, ici, nous nous ferions pendre pour vous!.....

II

Cette façon de comprendre et d'exercer le sacerdoce de l'éducation fut promptement bénie de Dieu. La prospérité matérielle revint en même temps que remontait le niveau moral, et à la mort du P. Lacordaire, les élèves étaient au nombre de plus de trois cents.

La mort! elle venait à grands pas. Ceux qui avancent dans la vie savent qu'il y a quelque chose de plus poignant peut-être que la mort, c'est de laisser sur sa route ceux qu'on s'était habitué à regarder comme une partie de soi-même. Les grandes âmes, plus difficiles dans leurs choix, se donnant avec plus de réflexion et dès lors avec plus d'intensité, souffrent davantage, quand elles voient tomber l'un après l'autre ceux qu'elles aimaient, et quand, regardant autour d'elles, elles voient leur solitude se faire plus large et plus dépouillée. Lacordaire n'a guère vieilli en ce monde, assez pourtant pour voir le sinistre bûcheron dont parle le poète, frapper près de lui, frapper jusque sur son cœur.

Le 27 février 1854, M. de La Mennais comparaissait devant Dieu. On a le premier cri de Lacordaire à cette nouvelle : « Quelle mort! Aucune dans l'histoire ecclésiastique ne m'a fait une aussi douloureuse impression, pas même celle d'Arius. Arius fut foudroyé honteusement, dans un lieu destiné aux plus vils besoins du corps ; mais il n'avait pas lui-même écrit le testament de ses funérailles. Cet abandon, ce cercueil des pauvres, cette fosse commune sans aucun signe laissé à un seul ami, ce silence universel sur une tombe qui devait être si illustre, tout cela me fait un spectre qui me poursuit. Il y a trente ans, quand j'arrivai à Paris, je trouvai M. de La Mennais entouré de gloire, porté par l'opinion comme un Père de l'Eglise; et le voilà mort incrédule, sans principes, sans certitude, sans amis, laissant une mémoire qui demeure dans la chrétienté un poids éternel..... »

Trois ans plus tard celle qui avait été pour lui l'ange terrestre des bons conseils mourait à son tour, le 10 septembre 1857. Informé secrètement des menaces trop certaines de fin prochaine, il accourut précipitamment près d'elle et se donna la consolation de célébrer plusieurs fois la sainte messe devant elle et pour elle. Ils sentaient l'un et l'autre qu'ils épuisaient là une des dernières faveurs de la Providence ici-bas, ils ne cessaient de se le témoigner sans se le dire. Obligé de repartir inopinément, le Père ne la quitta qu'avec la résolution formelle de revenir bientôt : huit jours après « sa maternelle amie », la lumière et le vrai guide de son âme, n'était plus. Lacordaire ne s'en consola jamais. Cette femme supérieure savait élever chaque question au-dessus du bruit qui se faisait autour d'elle et la pesait dans la balance de l'éternité. « Au lieu que partout ailleurs, je savais ce qu'on allait me dire, avoue Lacordaire, là je l'ignorais presque toujours. »

Un évènement d'une toute autre nature attira l'attention du public sur le P. Lacordaire. Dès 1855, M. Cousin, plus tard M. Ampère, et enfin, dans ces derniers temps, MM. de Montalembert et de Falloux avaient eu l'idée de faire entrer le célèbre prédicateur à l'Académie. Le saint religieux y répugnait. De bon cœur il avait renoncé au monde et à ses fastes : convenait-il à un prêtre, à un moine surtout de briguer les honneurs humains ? Telle était la question qui le préoccupait, mais de nombreux amis lui représentaient qu'ici la personne n'était rien devant la cause, et que l'élection d'un moine à l'Académie Française était la dernière victoire à remporter sur les préjugés voltairiens, la consécration suprême des efforts faits par lui pour acquérir à l'habit religieux droit de cité. On allait jusqu'à lui faire un cas de conscience de refuser un honneur si spontanément offert, un honneur qui tournait si manifestement à la gloire de la religion. D'ailleurs Bossuet et Fénelon n'avaient pas cru autrefois déroger à leur dignité en acceptant un siège dans cette compagnie. Et l'évêque d'Orléans y occupait alors même une place honorée.

Il se résigna donc et fut élu par 21 voix sur 14 données à ses concurrents, et le 24 janvier 1860 il entrait sous la célèbre coupole, ayant à sa droite M. de Montalembert, son frère d'armes, l'ami de toujours, et à sa gauche Berryer, le prince de la tribune française. La plus magnifique assistance était là : l'impératrice, le prince Napoléon, la princesse Clotilde, tous les ministres, M. de Morny et une foule d'autres personnages de marque.

Le récipiendaire se leva au-dessous de la statue de Bossuet, admirablement beau dans sa pâleur et sous les longs plis de sa robe blanche. D'une voix affaiblie mais claire il dit : « Messieurs, j'ai à remercier l'Académie de deux choses, la première de m'avoir appelé dans son sein, la seconde de m'avoir donné pour successeur à M. de Tocqueville. » Plusieurs fois des acclamations l'interrompirent. Ils termina par ces paroles qui résumaient sa pensée et les motifs de son acceptation : « Quand vos suffrages m'ont appelé à l'improviste parmi vous, je n'ai pas cru entendre la simple voix d'un corps littéraire, mais la voix même de mon pays m'appelant à prendre place entre ceux qui sont comme le sénat de sa pensée et la représentation prophétique de son avenir. J'ai vu les préjugés qui m'eussent séparé de vous il y a vingt ans, et ces préjugés, vaincus par votre choix, m'ont fait entendre les progrès accomplis en soixante ans d'une expérience pleine de périls, de retours dans la fortune, de sagesse trompée, de courages impuissants, mais glorieux. M. de Tocqueville était au milieu de vous le symbole de la liberté magnifiquement comprise par un grand esprit. J'y serai, j'ose le dire, le symbole de la liberté acceptée et fortifiée par la religion. Je ne pouvais recevoir sur la terre une plus haute récompense que de succéder à un tel homme pour l'avancement d'une telle cause. »

III

C'était le chant du cygne. Une ovation enthousiaste l'accueillit à son retour à Sorèze. Il s'abandonna avec délices au bonheur de ce revoir. « Me voici, mes enfants, disait-il, désormais je ne vous quitte plus, » et, avec un sourire mélancolique, il insista : « Non, maintenant je ne vous quitterai plus que pour mourir. »

Il le sentait, ce dernier effort l'avait épuisé. Pourtant, il se remit à l'œuvre, et il se hâta de réaliser certains projets qui lui tenaient au cœur. Il se prit d'une ardeur nouvelle pour la composition de ces admirables *Lettres à un jeune homme sur la vie chrétienne,* qui avaient pour but de suivre jusque dans le monde les enfants échappés à ses yeux, mais non point à son cœur ; de les aider encore dans ce milieu plus difficile, de ses lumières et de ses conseils, et d'en faire à la fois des chrétiens convaincus et des citoyens utiles. Il n'en a publié que trois, sur quarante qu'il avait préméditées; mais ces trois sont un chef-d'œuvre, de forme exquise et de fond digne d'une telle plume.

La restauration du couvent de Saint-Maximin et la translation des reliques de sainte Madeleine à la Sainte-Beaume, non loin de Marseille, lui donnèrent l'occasion d'écrire un autre ouvrage, sorte de poème de l'amitié, tant il est plein d'imagination et riche de piété. *Sainte Madeleine* parut à la fin de février 1860. La translation devait avoir lieu le 20 mai. Huit évêques étaient attendus, le Père devait prêcher le panégyrique et il était tout entier à la confiance : « Ma santé se fortifie, » écrivait-il à l'abbé Perreyve, mais c'était une illusion. Au dernier moment, il fut saisi d'une faiblesse extrême, avec oppression du cœur ; le médecin de l'école de Sorèze, le docteur Houlès, lui fit un devoir de conscience de ne pas s'exposer aux fatigues d'un grand discours dans une solennité aussi considérable, où tant de sollicitudes accessoires s'imposeraient au Provincial. Il dut obéir. « C'est la première fois, disait-il, que mon corps a résisté à ce que je voulais. » Mot terrible et profond, qui fait entrevoir tout un monde de mortifications et d'austérités silencieuses.

Un éminent praticien, consulté à Montpellier, ne trouva aucun organe sérieusement atteint et conseilla le repos. Rentré au collège, le Père fit part à ses enfants des salutaires avertissements qu'il venait de recevoir. « C'est une grande grâce que Dieu fait à un homme, dit-il, lorsqu'une grave maladie vient l'avertir de la fragilité de ses jours.

Cette grâce, Dieu a voulu me la faire ; je vous prie de l'en remercier avec moi. »

Ce qui le préoccupait surtout, c'était l'avenir de son Ordre. « Je pense souvent à la mort, écrivait-il, et je prépare tout pour laisser notre Ordre dans une bonne situation morale et financière. »

On lui avait conseillé les eaux de Rennes-les-Bains ; il s'y rendit le 2 juillet, accompagné de l'abbé Perreyve. Mais la vie désœuvrée lui était odieuse, et il ne put en supporter l'ennui : fatigué par l'extrême chaleur, dénué d'appétit, excédé surtout de la curiosité indiscrète des baigneurs, il revint à Sorèze au bout de quinze jours. L'amaigrissement fit des progrès rapides et le rendit presque méconnaissable.

Au mois de septembre, on lui annonça une grande consolation. Montalembert faisait savoir sa visite prochaine. Montalembert !... l'ami parmi les amis ! Il venait une dernière fois chez Lacordaire. Henri voulut aller à la rencontre de Charles, et, bien que très affaibli, il se traîna au-devant de lui presque sur le perron de l'abbatiale. La pâleur répandue sur son front lui donnait une navrante majesté. « Eh bien ! fit Montalembert, le P. Lacordaire, où est-il ? — Le voilà, répondit le P. Mourey, supérieur de la maison. » Les yeux pleins de larmes, Montalembert se jeta dans les bras de son ami ; il ne l'avait pas reconnu !...

« De ma vie, disait-il, je n'ai éprouvé un saisissement semblable : je n'avais jamais vu une plus effrayante beauté. »

L'abbé Perreyve était là, M. Foisset aussi. On exhorta le grand homme à recueillir et à dicter ses souvenirs, de façon à laisser un témoignage authentique des intentions et des convictions qui avaient dominé sa vie, dans un récit qui serait son testament religieux et historique. Il y consentit, et, par un miracle d'énergie et de force morale, il continua ce travail du 30 septembre au 20 octobre.

Le malade se faisait lire chaque jour, fidèle à l'usage de toute sa vie, quelques pages de la Sainte Ecriture, particulièrement les Actes des Apôtres, les Epitres de saint Paul ou l'Evangile de saint Jean. A partir du

12 octobre, il pria le religieux qui lui servait de secrétaire de lui faire en outre la lecture de la *Préparation à la mort* et de l'*Acte d'abandon à Dieu* de Bossuet. Ainsi remontait peu à peu cette âme dans les régions sereines où rien ne change.

Pourtant au milieu de l'écroulement de toutes ses forces physiques, il se maintenait en esprit sur la croix du bon Maître; avec lui il voulait souffrir et mourir. En octobre, six semaines avant sa mort, étendu sur son lit, miné par le mal, ne prenant plus de nourriture et ne se soutenant que par l'indomptable énergie de son âme, il voulait se faire donner encore la discipline, n'ayant plus la force de se la donner à lui-même. Un de ses amis vint le voir : « Aimes-tu toujours la pénitence? lui dit-il. — Oui, mon Père. — Eh bien! veux-tu me rendre le service de me faire souffrir, comme autrefois, pour Jésus-Christ? » Et comme cet ami s'y refusait absolument : « Au moins, lui dit-il, donne-moi tes pieds à baiser; ce sera toujours une pratique de pénitence agréable à Dieu. » Tendre comme une mère et dur comme l'acier, tel était toujours Lacordaire.

IV

Le 6 novembre, il reçut le Saint-Viatique ; le moment redouté approchait. Une joie bien douce lui fut ménagée dans ces jours d'angoisse suprême. M. Barral, l'Emmanuel des *Lettres à un jeune homme*, vint lui faire visite. Le regard du Père put se reposer sur cette tête chère entre toutes. Mais le malade, à la figure émaciée, ravagée, ne parlait plus, et lorsqu'il demandait quelque chose, sa langue embarrassée ne pouvait plus se faire comprendre. Cette parole qui avait remué tant d'intelligences, ce verbe harmonieux qui savait charmer et maîtriser les foules, étaient devenus le balbutiement informe d'un enfant. « Nous éprouvions, dit le P. Chocarne, une sorte d'humiliation, mêlée d'effroi, à entendre ces sons inarticulés sortir d'une telle bouche. » Dieu, par la main de la mort, lui retirait peu à peu les dons magnifiques qu'il lui avait faits, lui laissant toutefois, dans la pleine liberté de son esprit, le mérite de dire à chaque sacrifice nouveau : « Père, que votre volonté soit faite et non pas la mienne. »

Le soir du 20 novembre, raconte le P. Chocarne, il fut pris de cette angoisse, précurseur d'une mort prochaine, qui jette l'âme dans d'inexprimables tortures. Nous étions là, retenant nos sanglots, de peur d'accroître sa peine, priant, les yeux fixés sur cette navrante image de notre Père ; nous le voyions étendre autour de lui ses bras amaigris, comme un homme qui cherche à se reconnaître dans les ténèbres, promener ses regards sur nous, sur les murs de sa chambre, interroger le ciel. Enfin, d'une voix forte et les bras élevés, il s'écria :

— Mon Dieu ! mon Dieu ! ouvrez-moi !

Ce fut sa dernière parole ; il s'éteignait doucement le lendemain, au soir de la fête de la Présentation de Notre-Dame au Temple. C'était un beau jour pour mourir..... Lacordaire avait cinquante-neuf ans . . . .

. . . .

La sonnerie des cloches n'avait jamais lieu la nuit que pour annoncer un sinistre ; mais le deuil public était si grand que le glas funèbre retentit au sein des ténèbres pour annoncer au loin l'immense malheur qui atteignait la contrée, la France et l'Eglise.

Il fallut exposer la dépouille du saint religieux à la pieuse vénération des villages voisins. Vingt-trois mille personnes passèrent devant son lit funèbre et baisèrent les pieds du bienfaiteur du pays, durant les trois jours qui s'écoulèrent depuis sa mort jusqu'aux funérailles. Le deuil s'étendit à toutes les chaires qu'il avait illustrées. Il en est une qui se couvrit largement de crêpe au moment même où ses frères l'ensevelissaient pieusement. C'était la chaire de Notre-Dame de Paris ! Elle lui devait bien cet hommage de reconnaissance !

Fin.

TABLE DES MATIÈRES

Pages.

PRÉFACE 5

CHAPITRE PREMIER. — Enfance et éducation de Henri . . . 7

Sa famille. — Ses premières années. — Il entre au lycée de Dijon. — M. Delahaye. — Ses études. — Trois anecdotes.

CHAPITRE II. — Ses débuts dans le monde. 18

A l'école de droit. — Société des études. — Arrivée à Paris. — Premiers succès. — Déception et ennui profond.

CHAPITRE III. — Sa conversion 26

Comment s'est opéré le miracle. — Les étapes de la conversion. — Ses suites. — Lacordaire et M. de Quélen.

CHAPITRE IV. — Lacordaire séminariste et jeune prêtre . . 36

Son entrée à Issy. — Bonheur dans la paix. — Inquiétudes des Directeurs. — Il est ordonné. — Une offre séduisante. — Aumônier de Pensionnat.

CHAPITRE V. — Combats d'avant-postes 45

Etudes préparatoires à la lutte. — L'armée du mal. — Le chef réputé de l'armée du bien. — Projets de mission en Amérique. — L'*Avenir*.

CHAPITRE VI. — Rupture avec La Mennais 57

Montalembert. — L'accueil à Rome. — Condamnation des idées philosophiques et sociales de La Mennais. — Rupture définitive et publique.

CHAPITRE VII. — Vie de dévouement et d'études 67

Le choléra à Paris. — Aumônier de la Visitation. — Dissentiment avec Montalembert. — Mort de Madame Lacordaire. — Madame Swetchine. — Un premier sermon. — Conférences au collège Stanislas.

CHAPITRE VIII. — Conférences de Notre-Dame (1835-1836) . 77

Conditions posées. — M. Affre. — Première impression. — La manière du nouveau Prédicateur. — Notre géant. — Retraite volontaire. — Raisons.

CHAPITRE IX. — Vocation monastique 87

Accueil nouveau à Rome. — Le livre de La Mennais : *Affaires de Rome*. — *Lettre sur le Saint-Siège*. — La nostalgie de la France et de la chaire. — Premières ouvertures de son projet. — Un appel à la France.

CHAPITRE X. — Restauration en France des Frères-Prêcheurs. 95

Les premiers disciples. — Noviciat. — *Mémoire pour le rétablissement en France des Frères-Prêcheurs*. — La *Quercia*. — Vie du novice dominicain. — *Vie de saint Dominique*. — Prolongement du noviciat. — Premier sermon en froc dominicain. — Mort de Réquédat. — Sermon sur la *vocation de la nation française*.

CHAPITRE XI. — Prédication et premières Fondations dominicaines 107

Saint Clément à Rome. — Grave épreuve. — Mort du Frère Piel. — Station à Bordeaux. — Au couvent de Bosco. — Station de Nancy. — Double succès. — Station à Grenoble, Chalais. — Visite à Ars.

CHAPITRE XII. — Conférences de Notre-Dame (1843-1851) . 117

Sort des Catholiques en France. — Intervention de Louis-Philippe. — Peinture de l'orateur. — La liberté d'enseignement et la liberté d'association. — Le P. de Ravignan. — Les *vertus réservées*. — Extraits.

CHAPITRE XIII. — Influence grandissante de Lacordaire . . 127

Fondation du Tiers-Ordre — Pied-à-terre à Paris. — Conférences sur Jésus-Christ; extraits. — Lacordaire et les jeunes gens. — La Révolution de 48. — *Ere nouvelle*. — Député des Bouches-du-Rhône. — Station à Dijon. — Flavigny.

CHAPITRE XIV. — Retraite et vie intime 137

Les adieux à Notre-Dame. — Le dernier sermon à Paris. — Couvent de saint Dominique à Toulouse. — Sorèze. — Vertus, humilité, mortification. — Dévotion à la Passion.

CHAPITRE XV. — Dernières années et mort 149

Sa vie à Sorèze. — Méthode d'éducation. — Succès multiples. — Mort de La Mennais. — Mort de Madame Swetchine. — Réception à l'Académie française. — *Lettres à un jeune homme*. — *Sainte Madeleine*. — Santé déclinante. — Visite de Montalembert. — *Mémoires*. — Mort de Lacordaire. — Effet sur la contrée.

Abbeville, imp. C. PAILLART, Editeur des *Brochures Illustrées de Propagande Catholique*.